다락원

일본어 마스터를 위한 나침반

일본어 마스터

5

다락원 **마스터 일본어** ⑤

지은이 박민영, 사카구치 사야카, 아키하 타카코
펴낸이 정규도
펴낸곳 (주)다락원

초판 1쇄 발행 2019년 3월 28일
초판 3쇄 발행 2025년 10월 30일

편집 송화록, 손명숙, 임혜련, 한누리
디자인 하태호, 이승현, 정현석
일러스트 김희선
사진 제공 셔터스톡

다락원 경기도 파주시 문발로 211
내용문의: (02)736-2031 내선 460~465
구입문의: (02)736-2031 내선 250~252
Fax: (02)732-2037
출판등록 1977년 9월 16일 제406-2008-000007호

ISBN 978-89-277-1164-3 18730
978-89-277-1159-9(set)

http://www.darakwon.co.kr

- 다락원 홈페이지를 방문하시면 상세한 출판 정보와 함께 동영상강좌, MP3 자료 등 다양한 어학 정보를 얻으실 수 있습니다.
- 표지의 QR코드를 스캔하시면 MP3 파일 및 관련자료를 다운로드 하실 수 있습니다.

머리말

일본에서 나온 책 중에 『舟を編む(배를 엮다)』라는 소설이 있습니다. 애니메이션과 영화로도 만들어진 이 작품은 『大渡海』라는 일본어 대국어사전을 만드는 편집부의 애환을 그린 내용으로, 「辞書は言葉という大海原を航海するための船である(사전은 언어라는 망망대해를 항해하기 위한 배이다)」라고 하며 '사전'을 만드는 작업을 '배'를 엮는 과정에 비유하고 있습니다. 다시 말해서 '사전'이라는 배가 없으면 우리는 바다를 건널 수단이 없는 셈입니다.

그럼 일본어 교재란 무엇일까요?

일본어 교재는 망망대해를 건너기 위한 배뿐만 아니라 길을 알려주는 나침반도 되어, 여러분이 무사히 항해를 마칠 수 있도록 도와주는 최상의 수단이라고 생각합니다.

세상에는 바다를 건널 수 있는 배가 참 많이 있습니다. 그러나 믿고 편안하게 항해할 수 있는 튼튼한 배인지, 가야 할 길을 제대로 알려주는 정확한 나침반이 있는지 꼼꼼히 살펴보아야 한다고 생각합니다. 본 교재가 일본어 실력 향상으로 가는 가장 좋은 항로가 되기를, 또한 여러분의 항해가 즐겁고 편안하기를 기대해 봅니다.

저자 대표 **박민영**

이 책의 구성과 특징

초급을 넘어 중급으로 차근차근 마스터!
듣기, 말하기, 읽기, 쓰기 능력을 한꺼번에 마스터!
일본 생활에서 배우는 실전 일본어 마스터!

학습목표

이 과에서 배우게 될 학습 목표를 제시합니다.

회화 워밍업

1~4권에서 학습한 문형들을 바탕으로 각 과의 주제를 미리 알아봅니다. 음성을 듣고 빈칸 채우기를 하며 자신이 얼마나 알고 있는지 확인할 수 있습니다.

회화 마스터

일본에서 취업 활동을 하며 벌어지는 다양한 상황을 회화문으로 구성하였습니다. 실제 상황을 통해 주요 단어와 문형에 대한 심화 학습을 합니다.

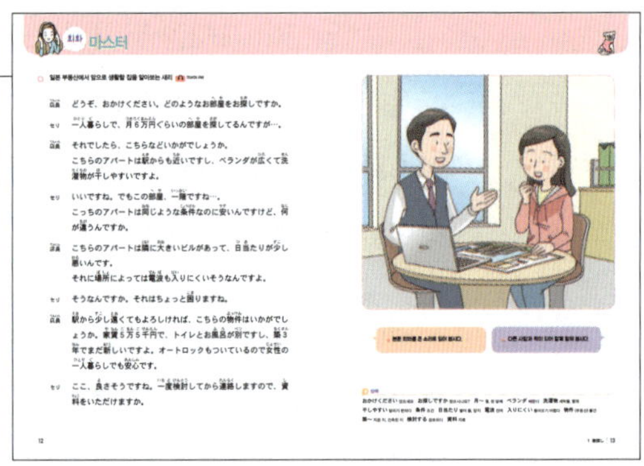

문법 마스터

문법에 관한 언어 지식을 예문과 함께 이해하기 쉽게 설명하였습니다. 『다락원 일본어 마스터 ❺』에서는 JLPT(일본어능력시험) N3 수준의 문법을 위주로 학습합니다.

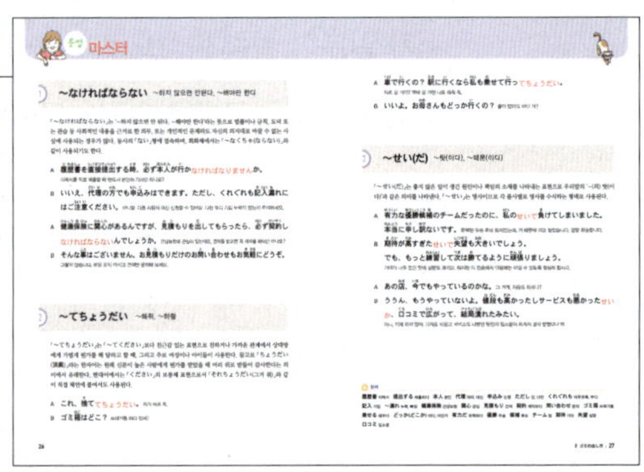

말하기 마스터

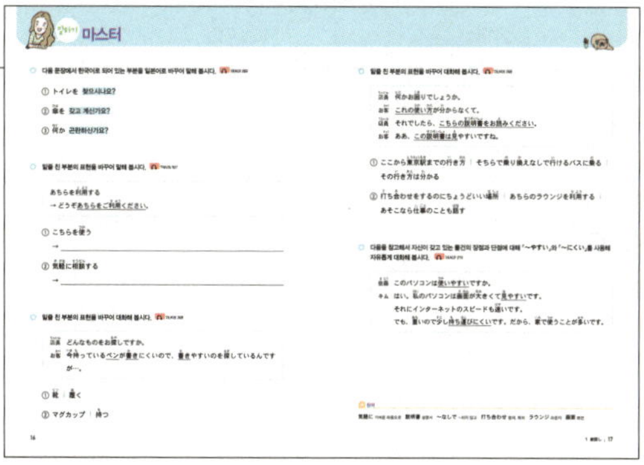

학습한 문형과 표현을 자연스럽게 말할 수 있도록 다양한 형태의 문제에 답하며 연습합니다.

읽기 마스터

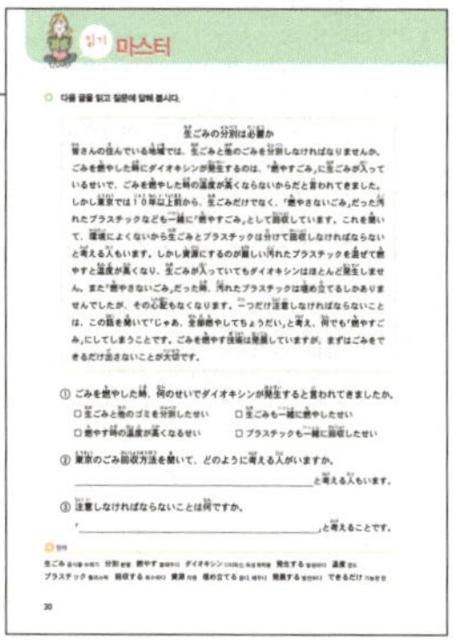

주제와 관련된 글을 읽고 그 내용에 관한 문제에 답하며 독해 능력을 확인합니다.

쓰기 마스터

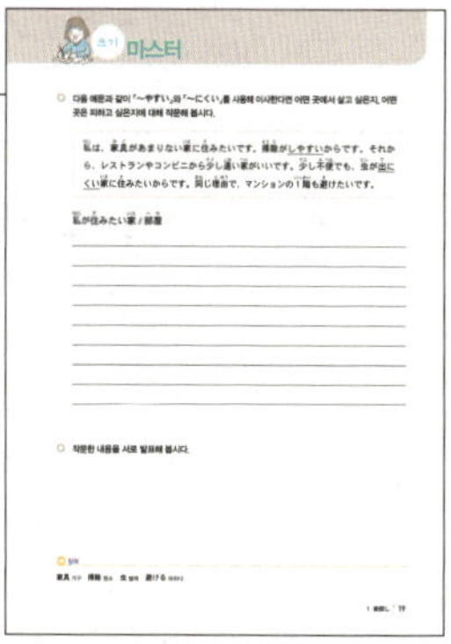

쓰기 연습을 통해 주요 표현을 이해하고 확인 학습을 합니다.

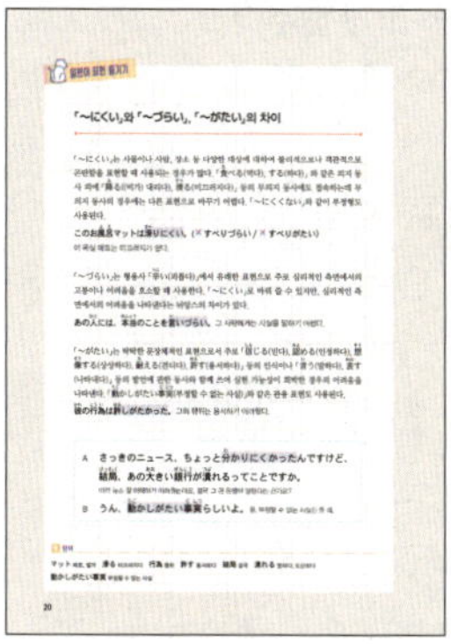

일본어 표현 즐기기

틀리기 쉬운 미묘한 일본어 표현의 차이에 대해 예시를 들어 설명합니다.

부록 : 스크립트와 모범 답안, 문법 찾아보기, 단어 찾아보기

부록에는 '회화 워밍업', '회화 마스터', '말하기 마스터', '읽기 마스터'의 한글 해석과 스크립트, 모범 답안을 실었습니다. 또한 문법 찾아보기와 단어 찾아보기를 통해 이 책에 나오는 문법과 단어를 어느 과에서 학습했는지 쉽게 찾아볼 수 있습니다.

일본어 마스터 학습 도우미

▷ 스마트폰

스마트폰으로 QR코드를 스캔하면 다락원 홈페이지의 본책 페이지로 바로 이동합니다. 'MP3 듣기' 버튼을 클릭합니다. 모바일로 접속하면 회원 가입과 로그인 절차 없이 바로 MP3 파일을 듣거나 다운로드 받을 수 있습니다.

▷ PC

다락원 홈페이지(www.darakwon.co.kr)에 접속하여 검색창에 『다락원 일본어 마스터 5』를 검색하면 자료실에서 MP3 파일을 듣거나 다운로드 받을 수 있습니다. 간단한 회원 가입 절차가 필요합니다.

목차

주요 등장인물

새리는 4학년이 되어 일본에서 취업 활동을 하기 위해 다시 도쿄로 유학을 왔습니다. 취업 선배들로부터 조언을 듣기도 하고 현지의 동네 이웃과도 교류하며 새로운 일본 유학 생활을 시작합니다.

김새리(金・セリ)

한국대학 국어국문학과 4학년.
취업 활동을 위해
다시 일본으로 유학을 왔다.

야마다 아이(山田 愛)

새리의 사촌 오빠 김민수의 부인.
현재 도쿄 거주.

스즈키 나오토(鈴木直人)

일본 유학 시절 새리의 동아리 선배.
현재는 직장인으로 취업 활동을 하는
새리에게 조언을 아끼지 않는다.

가토 도쿠코(加藤徳子)

새리의 동네 이웃.
회사원 아들을 둔 중년 여성.

1

家(いえ)探(さが)し

학습 목표

1 お/ご～ください ～해 주십시오
2 お～だ ～하(고 계)시다
3 ～やすい / ～にくい ～하기 쉽다 / ～하기 어렵다

회화 워밍업

○ 그림을 보면서 들어 봅시다. TRACK 002

○ 다음 단어를 참고해서 이사를 한다면 어떤 집에서 살고 싶은지 말해 봅시다. TRACK 003

古い・広い ｜ 狭い・新しい ｜ 一階だ・オートロックがある
駅から遠い・家賃が安い ｜ 駐車場がない・スーパーに近い

田中 引っ越すとしたら、どんな家に住みたいですか。

パク そうですね。＿＿＿＿＿＿＿＿＿＿＿＿＿ても/でもかまわないので、

＿＿＿＿＿＿＿＿＿＿＿＿＿＿＿＿＿＿家に住みたいです。

단어

引っ越す 이사하다　**～としたら** ~(라고) 한다면　**住む** 살다, 거주하다　**家賃** 집세　**～てもかまわない** ~해도 상관없다
オートロック 자동 잠금 장치, 도어락　**駐車場** 주차장

대화를 잘 듣고 아래 질문에 답해 봅시다. TRACK 004

たける　一人暮(ひとりぐ)らしをするなら、どんな家(いえ)に住(す)みたい？

ゆい　そうだな～、新(あたら)しくて、_____①_____。
古(ふる)い家(いえ)とか、駅(えき)から遠(とお)い家(いえ)は絶対(ぜったい)いや。

たける　ゆいが住(す)みたい家(いえ)、高(たか)そうだね。

ゆい　家賃(やちん)は高(たか)くてもかまわないから_____②_____。たけるは？

たける　う～ん、僕(ぼく)は古(ふる)くてもいいから、家賃(やちん)が安(やす)いほうがいいな。

ゆい　たけるは車(くるま)を持(も)ってるから、駅(えき)から遠(とお)くても大丈夫(だいじょうぶ)だよね。

たける　うん。駐車場(ちゅうしゃじょう)があれば_____③_____。

1 대화문의 빈칸에 들어갈 알맞은 말을 써 봅시다.

① ____________________

② ____________________

③ ____________________

2 대화의 내용에 대한 다음 질문에 답해 봅시다.

① ゆいはどんな家(いえ)に住(す)みたくないと言(い)っていますか。

____

② たけるはどんな家(いえ)に住(す)みたいと言(い)っていますか。

____

단어

一人暮らし 혼자 삶, 1인 가구　絶対(に) 절대로　高そうだ 비쌀 것 같다

회화 마스터

일본 부동산에서 앞으로 생활할 집을 알아보는 새리 TRACK 005

店員 どうぞ、おかけください。どのようなお部屋をお探しですか。

セリ 一人暮らしで、月6万円ぐらいの部屋を探してるんですが…。

店員 それでしたら、こちらなどいかがでしょうか。
こちらのアパートは駅からも近いですし、ベランダが広くて洗濯物が干しやすいですよ。

セリ いいですね。でもこの部屋、一階ですね…。
こっちのアパートは同じような条件なのに安いんですけど、何が違うんですか。

店員 こちらのアパートは隣に大きいビルがあって、日当たりが少し悪いんです。
それに場所によっては電波も入りにくいそうなんですよ。

セリ そうなんですか。それはちょっと困りますね。

店員 駅から少し遠くてもよろしければ、こちらの物件はいかがでしょうか。家賃5万5千円で、トイレとお風呂が別ですし、築3年でまだ新しいですよ。オートロックもついているので女性の一人暮らしでも安心です。

セリ ここ、良さそうですね。一度検討してから連絡しますので、資料をいただけますか。

★ 본문 회화를 큰 소리로 읽어 봅시다.

★ 다른 사람과 짝이 되어 함께 말해 봅시다.

단어

おかけください 앉으세요 **お探しですか** 찾으시나요? **月～** 월, 한 달에 **ベランダ** 베란다 **洗濯物** 세탁물, 빨래
干しやすい 말리기 편하다 **条件** 조건 **日当たり** 볕이 듦, 양지 **電波** 전파 **入りにくい** 들어오기 어렵다 **物件** (부동산) 물건
築～ 지은 지, 건축한 지 **検討する** 검토하다 **資料** 자료

문법 마스터

1 お/ご～ください ～해 주십시오

「お～ください」는 「～てください」보다 정중한 표현으로 동사의 「ます」형에 접속한다. 존경어 「お～になる」로 표현되는 동사에만 가능하고, 「食べる(召し上がる)」와 같이 따로 존경동사가 있는 경우에는 사용하지 않는다. 한자어의 경우에는 「ご利用ください / ご相談ください」와 같이 직접 명사형에 접속한다. 문 말의 「ください」를 「くださいませ」로 바꾸면 보다 정중한 표현이 되는데, 주의할 것은 「お～ください」는 주로 상대방의 행위를 유도할 때 사용되는 표현이므로 자신을 위해 부탁하는 '의뢰'의 경우에는 삼가는 것이 좋다.

동사	お～になる	お～ください
書く 쓰다	お書きになる 쓰시다	お書きください 쓰세요
話す 말하다	お話しになる 말씀하시다	お話しください 말씀하세요

(駅・電車のアナウンス) 역·전철 안내 방송

危ないですから、黄色い線の内側までお下がりください。

위험하오니 노란색 선 안쪽으로 물러나 주시기 바랍니다.

発車までしばらくお待ちください。 잠시 뒤에 출발할 예정이오니 잠시만 기다려 주시기 바랍니다.

新宿駅へお越しのお客様はここでお乗換えください。

신주쿠역으로 가실 승객께서는 이번 역에서 갈아타시기 바랍니다.

2 お～だ ～하(고 계)시다

「お～です」도 「お～になる」로 표현되는 동사에 한하여 「ます」형에 접속해 주로 '~하고 계시다'라는 현재 진행의 의미를 나타낸다. 문 말의 「です」를 「でございます」로 바꾸면 보다 정중한 표현이 된다.

(デパートのアナウンス) 백화점 안내 방송

本日はご来店いただきまして、誠にありがとうございます。お客様のお呼び出しを申し上げます。山田なな様、山田なな様。お連れ様が2階、インフォメーションカウンターにてお待ちでございます。至急インフォメーションカウンターまでお越しくださいませ。

금일 본점을 찾아주셔서 대단히 감사 드립니다. 고객분을 찾고 있습니다. 야마다 나나 님, 야마다 나나 님. 일행분이 2층 안내 데스크에서 기다리고 계십니다. 속히 안내 데스크로 와 주시기 바랍니다.

3 ～やすい ～하기 쉽다, ～하기 편하다
～にくい ～하기 어렵다, ～하기 불편하다

「～やすい」와 「～にくい」는 둘 다 동사의 「ます」형에 접속하여 서로 반대되는 의미를 나타낸다. 「～やすい」는 '～하기 쉽다'는 의미를 나타내고 「～にくい」는 '～하기 어렵다'는 의미를 나타낸다. 이 두 형용사는 각가 단독으로 사용될 때 「やすい(싸다)」 「にくい(밉다)」와 같이 전혀 다른 의미가 되므로 주의하자.

A 粉薬が一番飲みにくいですね。直接口に入れると、むせることもありますし。

가루약이 가장 먹기 어려워요. 직접 입에 넣으면 목이 막히는 경우도 있고.

B だったら服薬ゼリーなどに混ぜたらどうですか。苦い味も感じにくいから、子供にも飲ませやすくなりますよ。

그럼 복약 젤리 등에 섞으면 어때요? 쓴맛도 느끼기 어려워서 아이에게도 먹이기 쉬워질 거에요.

단어

アナウンス 안내방송 **黄色い** 노란색이다, 노랗다 **線** 선 **内側** 안쪽 **下がる** 후퇴하다, 뒤로 물러나다 **発車** 발차, 출발 **しばらく** 잠시
お越し 가심, 오심 **お客様** 손님 **乗り換える** 갈아 타다 **本日** 금일, 오늘 **来店** 내점, 가게를 방문함 **誠に** 정말로, 대단히
呼び出し 호출, 불러냄 **申し上げる** 말씀드리다, 여쭙다 **お連れ様** 동행분, 일행분 **インフォメーションカウンター** 안내 데스크
～にて ～에, ～에서 **至急** 급히, 속히 **～ませ** 'ます'의 명령형으로 공손한 말씨 **粉薬** 가루약 **直接** 직접 **むせる** 목이 메다, 숨이 막히다
服薬 복약 **ゼリー** 젤리 **混ぜる** 섞다 **苦い** 쓰다 **飲ませる** 마시게 하다

말하기 마스터

다음 문장에서 한국어로 되어 있는 부분을 일본어로 바꾸어 말해 봅시다. TRACK 006

① トイレを 찾으시나요?

② 傘(かさ)を 갖고 계신가요?

③ 何(なに)か 곤란하신가요?

밑줄 친 부분의 표현을 바꾸어 말해 봅시다. TRACK 007

あちらを利用(りよう)する
→ どうぞあちらをご利用(りよう)ください。

① こちらを使(つか)う

→ ______________________

② 気軽(きがる)に相談(そうだん)する

→ ______________________

밑줄 친 부분의 표현을 바꾸어 대화해 봅시다. TRACK 008

店員(てんいん) どんなものをお探(さが)しですか。
お客(きゃく) 今(いま)持(も)っているペンが書(か)きにくいので、書(か)きやすいのを探(さが)しているんですが…。

① 靴(くつ) | 履(は)く

② マグカップ | 持(も)つ

밑줄 친 부분의 표현을 바꾸어 대화해 봅시다. TRACK 009

店員 何かお困りでしょうか。

お客 これの使い方が分からなくて。

店員 それでしたら、こちらの説明書をお読みください。

お客 ああ、この説明書は見やすいですね。

① ここから東京駅までの行き方 | そちらで乗り換えなしで行けるバスに乗る | その行き方は分かる

② 打ち合わせをするのにちょうどいい場所 | あちらのラウンジを利用する | あそこなら仕事のことも話す

다음을 참고해서 자신이 갖고 있는 물건의 장점과 단점에 대해 「~やすい」와 「~にくい」를 사용해 자유롭게 대화해 봅시다. TRACK 010

佐藤 このパソコンは使いやすいですか。

キム はい。私のパソコンは画面が大きくて見やすいです。
それにインターネットのスピードも速いです。
でも、重いので少し持ち運びにくいです。だから、家で使うことが多いです。

단어

気軽に 가벼운 마음으로　**説明書** 설명서　**～なしで** ~하지 않고　**打ち合わせ** 협의, 회의　**ラウンジ** 라운지　**画面** 화면

읽기 마스터

다음 글을 읽고 질문에 답해 봅시다.

安全に一人暮らしができる家

安全に一人暮らしができる家をお探しですか。それでしたら、家を探す時に次の二つのことに気をつけるといいです。まず、オートロックとモニター付きインターフォンが付いているかどうかをご確認ください。これらがあれば怪しい人が家や部屋の前に来ても、部屋にいたままインターフォンのモニターで確認することができるので安全です。セールスに来た人ともモニターを通して話ができるので断りやすいです。次に、2階、できれば3階以上の部屋をお探しください。1階の家はあまりおすすめしません。3階以上の部屋だと、泥棒の被害にあいにくいと言われています。それから、引っ越した後にも注意しなければいけないことがあります。それは、家の郵便ポストを毎日チェックして郵便物をためないでおくということです。郵便ポストに郵便物がたくさん入っていると、家を留守にしていることを泥棒に教えることになってしまいます。自分の安全に関わることですから、面倒と思わないで守った方がいいです。

① 安全に一人暮らしをするために気をつけることは何ですか。

☐ 毎日洗濯をすること　　☐ 毎日家のポストをチェックすること

☐ 毎日友達に家まで送ってもらうこと　　☐ 毎日外食をしないで家でご飯を作ること

② 3階以上の部屋を探したほうがいい理由は何ですか。

____________________________と言われているからです。

③ 郵便物をためてはいけない理由は何ですか。

____________________________からです。

단어

安全だ 안전하다　モニター 모니터, 화면　～付き ~딸림, ~포함　インターフォン 인터폰　怪しい 수상하다　確認する 확인하다　セールス 판매　～を通して ~을/를 통해서　断る 거절하다　できれば 가능하면　以上 이상　おすすめ 추천　泥棒 도둑　被害 피해　～にあう ~을/를 겪다, (피해를) 입다　郵便ポスト 우편함　郵便物 우편물　ためる 쌓다, 모으다　関わる 관계되다, 관련되다　面倒だ 귀찮다, 번거롭다　ちゃんと 제대로, 충분히　外食 외식

쓰기 마스터

◯ 다음 예문과 같이 「~やすい」와 「~にくい」를 사용해 이사한다면 어떤 곳에서 살고 싶은지, 어떤 곳은 피하고 싶은지에 대해 작문해 봅시다.

> 私(わたし)は、家具(かぐ)があまりない家(いえ)に住(す)みたいです。掃除(そうじ)が<u>しやすい</u>からです。
> それから、レストランやコンビニから少(すこ)し遠(とお)い家(いえ)がいいです。少(すこ)し不便(ふべん)でも、虫(むし)が<u>出(で)にくい</u>家(いえ)に住(す)みたいからです。同(おな)じ理由(りゆう)で、マンションの1階(いっかい)も避(さ)けたいです。

私(わたし)が住(す)みたい家(いえ) / 部屋(へや)

◯ 작문한 내용을 서로 발표해 봅시다.

단어

家具 가구　掃除 청소　虫 벌레　避ける 피하다

밀본어 표현 즐기기

「~にくい」와 「~づらい」, 「~がたい」의 차이

「~にくい」는 사물이나 사람, 장소 등 다양한 대상에 대하여 물리적으로나 객관적으로 곤란함을 표현할 때 사용되는 경우가 많다. 「食べる(먹다), する(하다)」와 같은 의지 동사 외에 「降る((비가) 내리다), 滑る(미끄러지다)」 등의 무의지 동사에도 접속하는데 무의지 동사의 경우에는 다른 표현으로 바꾸기 어렵다. 「~にくくない」와 같이 부정형도 사용된다.

このお風呂マットは滑りにくい。(× すべりづらい / × すべりがたい)
이 욕실 매트는 미끄러지기 쉽다.

「~づらい」는 형용사 「辛い(괴롭다)」에서 유래한 표현으로 주로 심리적인 측면에서의 고통이나 어려움을 호소할 때 사용한다. 「~にくい」로 바꿔 쓸 수 있지만, 심리적인 측면에서의 어려움을 나타낸다는 뉘앙스의 차이가 있다.

あの人には、本当のことを言いづらい。 그 사람에게는 사실을 말하기 어렵다.

「~がたい」는 딱딱한 문장체적인 표현으로 주로 「信じる(믿다), 認める(인정하다), 想像する(상상하다), 耐える(견디다), 許す(용서하다)」 등의 인식이나 「言う(말하다), 表す(나타내다)」 등의 발언에 관한 동사와 함께 쓰여 실현 가능성이 희박한 경우의 어려움을 나타낸다. 「動かしがたい事実(부정할 수 없는 사실)」와 같은 관용 표현도 사용된다.

彼の行為は許しがたかった。 그의 행위는 용서하기 어려웠다.

A さっきのニュース、ちょっと分かりにくかったんですけど、結局、あの大きい銀行が潰れるってことですか。
아까 뉴스 잘 이해하기 어려웠는데요, 결국 그 큰 은행이 망한다는 건가요?

B うん、動かしがたい事実らしいよ。 응, 부정할 수 없는 사실인 듯 해.

단어

マット 매트, 깔개 **滑る** 미끄러지다 **行為** 행위 **許す** 용서하다 **結局** 결국 **潰れる** 망하다, 도산하다
動かしがたい事実 부정할 수 없는 사실

2

ゴミの出し方

학습 목표

1 ～なければならない ～하지 않으면 안 된다, ～해야만 한다
2 ～てちょうだい ～해줘, ～하렴
3 ～せい(だ) ～탓(이다), ～때문(이다)

회화 워밍업

그림을 보면서 들어 봅시다. TRACK 011

다음 단어를 참고해서 지역의 규칙에 대해 말해 봅시다. TRACK 012

道にごみを捨てる | 派手な色の建物を建てる | 自動販売機を置く
ネオンサインを使う | 屋根の形を決められたもの以外にする

田中 この街、とても美しいですね。１枚の絵画みたいです。

パク この地域ではこの景色を保つために、＿＿＿＿＿＿＿＿＿＿＿＿ては
いけないことになっているらしいですよ。

단어

街 마을, 거리　おしゃれだ 멋지다　地域 지역　屋根 지붕　オレンジ 오렌지색　自動販売機 자동판매기　ネオンサイン 네온사인
屋根 지붕　以外 이외　絵画 회화, 그림　景色 경치　保つ 지키다, 유지하다

대화를 잘 듣고 아래 질문에 답해 봅시다. TRACK 013

ゆい　さっきの人、歩きスマホだったけど、あれ、本当に危ないよね。
途中、黄色い線の外側にはみ出したりしてて＿＿①＿＿心配だったよ。

たける　歩きスマホは周りの人にも迷惑だよね。

ゆい　電車に乗る時も、マナーを守らない人がたまにいるよね。

たける　うん。電車を待つ時は＿＿②＿＿けど、守らない人、いるね。

ゆい　あと、電車から降りる人が先なのに、全員降りる前に乗り始める人もいるし。

たける　電車の中だと、人が多い時にもリュックを＿＿③＿＿の人も困るよね。

ゆい　少し気をつければお互い気持ちよく利用できるのにね。
私達も気をつけよう。

1 대화문의 빈칸에 들어갈 알맞은 말을 써 봅시다.

① ＿＿＿＿＿＿＿＿＿＿

② ＿＿＿＿＿＿＿＿＿＿

③ ＿＿＿＿＿＿＿＿＿＿

2 대화의 내용에 대한 다음 질문에 답해 봅시다.

① ゆいはさっき、駅でどんな人を見ましたか。

＿＿＿＿＿＿＿＿＿＿

② 電車に乗る時に、どうする人がいますか。

＿＿＿＿＿＿＿＿＿＿

단어

歩きスマホ 보행 중 휴대폰 보기　**途中** 도중　**外側** 바깥쪽　**はみ出す** 벗어나다, 불거지다　**列に並ぶ** 줄을 서다　**全員** 전원, 모두
乗り始める 타기 시작하다　**リュック** 배낭　**背中** 등　**背負う** 메다, 등에 지다　**お互い** 서로

회화 마스터

쓰레기 수거장에서 이웃인 가토를 만난 새리 TRACK 014

加藤 あのう、この地域ではゴミは８時半までに出さなければならないんですよ。

セリ えっ、そうなんですか。すみません、知りませんでした。

加藤 あ、もしかして外国の方？

セリ はい、韓国から来ました。四月からそこのアパートに住んでます。

加藤 そうだったのね。ゴミの出し方で何か分からないこと、ある？

セリ ええと、ゴミは朝にしか出せないんですか。

加藤 そうよ。時間を守らない人のせいで、最近、ごみ置き場が汚いことが多いのよ。それから、曜日にも注意しないとだめね。
月曜日は資源ごみ、火曜日と木曜日は燃やすゴミ、金曜日は燃やさないゴミしか出せないの。
その日に出していいゴミかどうか、確認してから出さなくちゃね。

セリ 曜日によって違うんですね。いろいろ教えてくださってありがとうございます。

加藤 いえいえ。私はそこの家に住んでいる加藤です。
何か分からないことがあったら、いつでも聞いてちょうだいね。

★ 본문 회화를 큰 소리로 읽어 봅시다.

★ 다른 사람과 짝이 되어 함께 말해 봅시다.

단어

ゴミ 쓰레기 **もしかして** 혹시, 어쩌면 **出し方** 내놓는 법, 버리는 법 **ごみ置き場** 쓰레기 수거장 **資源ごみ** 재활용 쓰레기 **燃やすゴミ** 타는 쓰레기 **燃やさないゴミ** 타지 않는 쓰레기

문법 마스터

1 ～なければならない ～하지 않으면 안된다, ～해야만 한다

「～なければならない」는 '～하지 않으면 안 된다, ～해야만 한다'라는 뜻으로 법률이나 규칙, 도덕 또는 관습 등 사회적인 내용을 근거로 한 의무, 또는 개인적인 문제라도 자신의 의지대로 바꿀 수 없는 사실에 사용되는 경우가 많다. 동사의 「ない」형에 접속하며, 회화체에서는 「～なくちゃ(ならない)」와 같이 사용되기도 한다.

A **履歴書を直接提出する時、必ず本人が行かなければなりませんか。**
이력서를 직접 제출할 때 반드시 본인이 가야만 하나요?

B **いいえ、代理の方でも申込みはできます。ただし、くれぐれも記入漏れにはご注意ください。** 아니요. 다른 사람이 대신 신청할 수 있어요. 다만 부디 기입 누락이 없는지 주의하세요.

A **健康保険に関心があるんですが、見積もりを出してもらったら、必ず契約しなければならないんでしょうか。** 건강보험에 관심이 있는데요, 견적을 받으면 꼭 계약을 해야만 하나요?

B **そんな事はございません。お見積もりだけのお問い合わせもお気軽にどうぞ。**
그렇지 않습니다. 부담 갖지 마시고 견적만 문의해 보세요.

2 ～てちょうだい ～해줘, ～하렴

「～てちょうだい」는 「～てください」보다 친근감 있는 표현으로 친하거나 가까운 관계에서 상대방에게 가볍게 뭔가를 해 달라고 할 때, 그리고 주로 여성이나 아이들이 사용한다. 참고로 「ちょうだい(頂戴)」라는 한자어는 원래 신분이 높은 사람에게 뭔가를 받았을 때 머리 위로 받들어 감사한다는 의미에서 유래한다. 현대어에서는 「ください」의 보통체 표현으로서 「それちょうだい(그거 줘)」와 같이 직접 체언에 붙여서도 사용된다.

A **これ、捨ててちょうだい。** 이거 버려 줘.

B **ゴミ箱はどこ？** 쓰레기통 어디 있어?

A 車で行くの？ 駅に行くなら私も乗せて行ってちょうだい。

차로 갈 거야? 역에 갈 거면 나도 태워 줘.

B いいよ。お母さんもどっか行くの？ 좋아. 엄마도 어디 가?

3 ～せい(だ) ～탓(이다), ～때문(이다)

「～せい(だ)」는 좋지 않은 일이 생긴 원인이나 책임의 소재를 나타내는 표현으로 우리말의 '~(의) 탓(이다)'과 같은 의미를 나타낸다. 「～せい」는 명사이므로 각 품사별로 명사를 수식하는 형태로 사용된다.

A 有力な優勝候補のチームだったのに、私のせいで負けてしまいました。本当に申し訳ないです。

유력한 우승 후보 팀이었는데. 저 때문에 지고 말았습니다. 정말 죄송합니다.

B 期待が高すぎたせいで失望も大きいでしょう。でも、もっと練習して次は勝てるように頑張りましょう。

기대가 너무 컸던 탓에 실망도 크지요. 하지만 더 연습해서 다음에는 이길 수 있도록 열심히 합시다.

A あの店、今でもやっているのかな。 그 가게, 지금도 하려나?

B ううん、もうやっていないよ。値段も高かったしサービスも悪かったせいか、口コミで広がって、結局潰れたみたい。

아니, 이제 하지 않아. 가격도 비쌌고 서비스도 나빴던 탓인지 입소문이 퍼져서 결국 망했다나 봐.

단어

履歴書 이력서　提出する 제출하다　本人 본인　代理 대리, 대신　申込み 신청　ただし 단, 다만　くれぐれも 아무쪼록, 부디　記入 기입　～漏れ 누락, 빠짐　健康保険 건강보험　関心 관심　見積もり 견적　契約 계약하다　問い合わせ 문의　ゴミ箱 쓰레기통　乗せる 태우다　どっか(どこか) 어디, 어딘가　有力だ 유력하다　優勝 우승　候補 후보　チーム 팀　期待 기대　失望 실망　口コミ 입소문

말하기 마스터

○ 다음 문장에서 한국어로 되어 있는 부분을 일본어로 바꾸어 말해 봅시다. TRACK 015

① 宿題(しゅくだい)をしたら、猫(ねこ)にえさを **주렴**。

② 家(いえ)に帰(かえ)ってきたら、トイレの掃除(そうじ)を **하렴**。

③ 朝(あさ)ご飯(はん)を食(た)べ終(お)わったら、お皿(さら)を **씻으렴**。

○ 밑줄 친 부분의 표현을 바꾸어 말해 봅시다. TRACK 016

駐車場(ちゅうしゃじょう)に止(と)める
→ 車(くるま)は駐車場(ちゅうしゃじょう)に止(と)めなければなりません。

① 車道(しゃどう)を走(はし)る

→ ____________________

② 踏切(ふみきり)の前(まえ)で一時停止(いちじていし)する

→ ____________________

○ 밑줄 친 부분의 표현을 바꾸어 대화해 봅시다. TRACK 017

佐藤(さとう) どうして約束(やくそく)の時間(じかん)に遅(おく)れたんですか。

キム 本当(ほんとう)にすみません。バスの事故(じこ)があったせいで、道(みち)が混(こ)んでいたんです。

① 携帯(けいたい)の電源(でんげん)が切(き)れる | 目覚(めざ)ましのアラームが鳴(な)らない

② 夜(よる)よく眠(ねむ)れない | 朝起(あさお)きられない

밑줄 친 부분의 표현을 바꾸어 대화해 봅시다. TRACK 018

りょうた	金曜日までに食料品を買っておかなければならないね。
はるか	え、どうして？
りょうた	ストライキのせいで、スーパーが休みになるかもしれないんだ。
はるか	そうなんだ。知らなかった。

① 明日は他の道路を通る | 秋のマラソン | 通れなくなる

② 明日の朝、１時間早く家を出る | 台風 | 電車が止まる

다음을 참고해서 학창시절의 교칙에 대해 「～なければならない」를 사용해 자유롭게 대화해 봅시다. TRACK 019

佐藤	キムさんの高校にはどんな校則がありましたか。
キム	そうですね…。私の高校では冬のコートは黒か紺のものを着なければなりませんでした。

단어

えさ 먹이 **車道** 차도 **踏切** 건널목 **一時** 일시, 잠시 **停止する** 정지하다, 멈추다 **携帯** 휴대, 휴대전화 **電源が切れる** 전원이 꺼지다 **目覚まし** 알람 시계, 자명종 **アラーム** 알람 **食料品** 식료품 **ストライキ** 파업 **マラソン** 마라톤 **校則** 교칙 **紺** 감색, 군청색

읽기 마스터

○ 다음 글을 읽고 질문에 답해 봅시다.

生ごみの分別は必要か

皆さんの住んでいる地域では、生ごみと他のごみを分別しなければなりませんか。ごみを燃やした時にダイオキシンが発生するのは、「燃やすごみ」に生ごみが入っているせいで、ごみを燃やした時の温度が高くならないからだと言われてきました。しかし東京では１０年以上前から、生ごみだけでなく、「燃やさないごみ」だった汚れたプラスチックなども一緒に「燃やすごみ」として回収しています。これを聞いて、環境によくないから生ごみとプラスチックは分けて回収しなければならないと考える人もいます。しかし資源にするのが難しい汚れたプラスチックを混ぜて燃やすと温度が高くなり、生ごみが入っていてもダイオキシンはほとんど発生しません。また「燃やさないごみ」だった時、汚れたプラスチックは埋め立てるしかありませんでしたが、その心配もなくなります。一つだけ注意しなければならないことは、この話を聞いて「じゃあ、全部燃やしてちょうだい」と考え、何でも「燃やすごみ」にしてしまうことです。ごみを燃やす技術は発展していますが、まずはごみをできるだけ出さないことが大切です。

① ごみを燃やした時、何のせいでダイオキシンが発生すると言われてきましたか。

- □ 生ごみと他のゴミを分別したせい
- □ 生ごみも一緒に燃やしたせい
- □ 燃やす時の温度が高くなるせい
- □ プラスチックも一緒に回収したせい

② 東京のごみ回収方法を聞いて、どのように考える人がいますか。

______________________________ と考える人もいます。

③ 注意しなければならないことは何ですか。

「______________________________」と考えることです。

단어

生ごみ 음식물 쓰레기　分別 분별　燃やす 불태우다　ダイオキシン 다이옥신, 독성 화학물　発生する 발생하다　温度 온도　プラスチック 플라스틱　回収する 회수하다　資源 자원　埋め立てる 묻다, 메우다　発展する 발전하다　できるだけ 가능한 한

쓰기 마스터

○ 다음 예문과 같이 「~せい(だ)」와 「~なければならない」를 사용해 지금까지 실패한 경험에 대해 작문해 봅시다.

> ピアノの練習を真面目にしなかったせいで、発表会で失敗してしまいました。
> その時、毎日１時間は練習しなければならないと思いました。

これまでの失敗した経験

○ 작문한 내용을 서로 발표해 봅시다.

단어

発表会 발표회

일본어 표현 즐기기

「～おかげ」와 「～せい」의 차이

「～おかげ」와 「～せい」는 주변으로부터 영향을 받은 결과를 나타내는 표현으로 다음과 같은 차이가 있다.

「～おかげ」는 한자로 「御陰」인데 원래 '신불(神仏)의 도움이나 조력, 또는 은혜'를 뜻하는 단어이다. 따라서 긍정적인 효과나 이익을 받은 것과 동시에 그런 행위를 해 준 사람에 대한 감사의 마음을 포함하는 경우가 많다. 간혹 「あの人(ひと)のおかげで失敗(しっぱい)した。」와 같이 부정적인 경우에도 사용되는 것을 볼 수 있는데, 이것은 피해를 준 사람에 대한 비난이나 야유의 감정을 비꼬아서 표현한 것이다.

반면 「～せい」는 한자로 「所為」인데, 주로 부정적인 결과를 발생시킨 원인이나 이유를 나타낼 때 사용되며 그러한 원인이나 이유를 제공한 사람에 대한 비난이나 비판의 감정이 들어 있다.

A　ここまでの道(みち)、難(むずか)しくなかったですか。私(わたし)、目印(めじるし)の看板(かんばん)を通(とお)り過(す)ぎた**せいで**、10分(じゅっぷん)も迷(まよ)っちゃったんですよ。

여기 오는 길 어렵지 않았어요? 저는 이정표 간판을 지나친 탓에 10분이나 헤맸어요.

B　そうだったんですか。私(わたし)は道(みち)で親切(しんせつ)な人(ひと)に教(おし)えてもらった**おかげで**、迷(まよ)わず来(こ)られました。

그랬어요? 저는 길에서 친절한 분이 가르쳐 주신 덕분에 헤매지 않고 올 수 있었어요.

단어

目印 이정표, 표적　**看板** 간판　**通り過ぎる** 지나가다, 통과하다　**迷う** 헤매다, 망설이다

3

韓国に荷物を送る

학습 목표

1 ～(さ)せられる 사역수동
2 ～(さ)せてくれる ～하게 해주다
3 ～ように言う ～하도록 하다

회화 워밍업

○ 그림을 보면서 들어 봅시다. TRACK 020

○ 다음 단어를 참고해서 손님과 우체국 직원의 대화를 해 봅시다. TRACK 021

船便・生ものは送れない ｜ 着払い・国内のみの受付になる
国際スピード郵便(ＥＭＳ)・少しお値段が高くなってしまう
普通航空便・到着時間の指定ができない
エコノミー航空便(ＳＡＬ)・２週間ほどかかってしまう

客 この荷物、＿＿＿＿＿＿＿＿＿＿＿＿でお願いします。

郵便局員 ＿＿＿＿＿＿＿＿だと、＿＿＿＿＿＿＿＿ますが / ませんが、よろしいでしょうか。

단어

船便 배편　郵便局員 우체국 직원　生もの 날것, 생것　着払い 착불　～のみ ～만, ～뿐　国際スピード郵便(EMS) 국제 특급 우편　航空便 항공편　到着 도착　指定 지정　エコノミー航空便(SAL) 이코노미 항공편

대화를 잘 듣고 아래 질문에 답해 봅시다. TRACK 022

たける	その荷物、どうしたの？ 重そうだけど。
ゆい	これ？ ＿＿①＿＿送る荷物。 重いから郵便局まで持って行くの手伝ってくれない？
たける	いいよ。こんな大きい荷物、海外に送ったら、＿＿②＿＿。
ゆい	それなら大丈夫。船便で送るつもり。
たける	＿＿③＿＿けど、着くのにかなり時間かかっちゃうよ。
ゆい	えっ！ それは困る！ 賞味期限が２週間ぐらいのお菓子がたくさん入ってる！
たける	ＳＡＬ便で送ったらどう？ 船便よりは送料が高いけど、かなり早く着くよ。
ゆい	うん、そうする。たける、詳しいね。

1 대화문의 빈칸에 들어갈 알맞은 말을 써 봅시다.

① ＿＿＿＿＿＿＿＿＿＿

② ＿＿＿＿＿＿＿＿＿＿

③ ＿＿＿＿＿＿＿＿＿＿

2 대화의 내용에 대한 다음 질문에 답해 봅시다.

① ゆいはどうして船便だと困ると言っていますか。

＿＿＿＿＿＿＿＿＿＿

② たけるはＳＡＬ便について何と言っていますか。

＿＿＿＿＿＿＿＿＿＿

단어

親戚 친척　**送料** 배송료　**賞味期限** 유통기한　**詳しい** 자세히 알고 있다, 정통하다

회화 마스터

아이에게 한국으로 짐을 부치는 방법을 물어보는 새리 TRACK 023

愛 すごい荷物だね。こんなに大きい荷物、どこに送るの？

セリ 韓国の実家です。留学を二度もさせてくれた両親に、プレゼントをたくさん送りたくて。

愛 家電製品も入ってるけど、お菓子も多いね。

セリ お菓子は全部、ヘリに送るように言われたんです。

愛 そういえばうちに来ていた時もお菓子たくさん食べてたよね。

セリ このお菓子なんか、遠くのお店まで買いに行かされたんですよ。まったく！

愛 ははは。こんなに荷物が大きいなら、家に取りに来てもらうサービスを使ったらいいよ。

セリ それは便利ですね。時間って指定できるんですか。明日は午後にちょっと予定があって…。

愛 時間を指定して午前中に来てもらえば大丈夫だよ。

セリ よかったです。愛さん、今度ヘリにお菓子を食べ過ぎないように言ってください。

愛 え、どうして？

セリ そうすればヘリがあんまり頼まなくなるかなと思って。

★ 본문 회화를 큰 소리로 읽어 봅시다.

★ 다른 사람과 짝이 되어 함께 말해 봅시다.

단어

実家 본가, 본집 **家電製品** 가전제품 **～なんか** ～등, ～따위

문법 마스터

1 ~(さ)せられる 사역수동

사역수동은 사역 표현과 수동 표현이 결합된 것으로, 예를 들어 누군가가 자신에게 시켰기 때문에(사역) 자신의 의지와는 상관없이, 또는 어쩔 수 없이 그것을 하게 되었다(수동)는 2가지 의미를 복합적으로 나타낸다. 이 경우 실제 행위를 시킨 사람은 조사「～に」로 표시한다. 사역수동에서는 사역형이 먼저 오기 때문에 사역형과 마찬가지로「ない」형에 접속한다. u동사의 경우는「～させられる」를「～される」와 같이 축약해 사용하는 경우가 많다.

店員が　私に　スカーフを　買わせた。(사역) 점원이 나에게 스카프를 사게 했다.

私は　店員に　スカーフを　買わされた。(사역수동) 나는 점원에 의해 스카프를 사게 됐다.

동사의 종류	동사	사역형	사역수동형
u동사	行く	行かせる	行かされる（行かせられる）
	飲む	飲ませる	飲まされる（飲ませられる）
ru동사	借りる	借りさせる	借りさせられる
	食べる	食べさせる	食べさせられる
불규칙동사	する	させる	させられる
	来る	来させる	来させられる

A　この写真、山田さんですか。이 사진 야마다 씨인가요?

B　ハロウィンの時に友達に変な服を買わされて(買わせられて)、無理やり化粧もさせられました。怖いというより、笑えるでしょう。

햄러윈에 친구가 이상한 옷을 사라고 하고 억지로 화장시켰어요. 무섭다기 보다는 웃기죠.

2 ～(さ)せてくれる ～하게 해주다

「～(さ)せてくれる」는 사역형 「～(さ)せる」의 「て」형에 '주다'의 의미를 가진 「くれる」가 결합된 형식으로서 어떤 일을 하게 해 준 것에 대한 고마움을 표현하는 경우에 자주 사용된다. 사역형과 같은 형태로 접속한다.

A 山田(やまだ)さんの夢(ゆめ)は、先生(せんせい)ですか。 야마다 씨의 꿈은 선생님인가요?

B はい、高校(こうこう)の時(とき)、数学(すうがく)好(ず)きに**させてくれた**担任(たんにん)の先生(せんせい)にあこがれて、自分(じぶん)も先生(せんせい)になりたいと思(おも)いました。

네, 고등학교 때 수학을 좋아하게 해주신 담임 선생님을 동경해서 저도 선생님이 되고 싶다고 생각했어요.

3 ～ように言(い)う ～하도록 하다

「～ように」는 원래 어떤 목적이 실현되도록 의도하는 '~하도록'이라는 의미를 나타낸다. 주로 자동사나 가능의 의미를 가진 동사의 사전형에 접속하며, 부정 표현은 동사의 「ない」형에 접속해 '~하지 않도록'이라는 의미를 나타낸다. 이러한 「～ように」의 뒤에 「言(い)う(말하다), 伝(つた)える(전달하다)」와 같이 전달을 나타내는 동사가 함께 쓰이면 요구 내용을 간접적으로 인용하는 표현이 된다. 「～ように言(い)われる(~하라고 듣다)」「～ように伝(つた)えておく(~하도록 전달해 두다)」와 같이 뒤에 접속한 동사는 일반 동사와 같이 다양하게 활용한다.

A この間(あいだ)の検診(けんしん)で、高血圧(こうけつあつ)と診断(しんだん)され、塩分(えんぶん)を控(ひか)える**ように言(い)われました**。

얼마 전 검진에서 고혈압이라고 진단 받아서 염분을 줄이라고 들었어요.

B そうですか。塩分(えんぶん)は1日(いちにち)にどのぐらい取(と)っているのか自分(じぶん)では分(わ)かりにくいものですからね。 그래요? 염분은 하루에 어느 정도 섭취하고 있는지 스스로는 알기 어려우니까요.

단어

ハロウィン 핼러윈 **無理やり** 억지로, 막무가내로 **化粧** 화장 **笑える** 웃음이 나오다 **数学** 수학 **～好き** ~을/를 좋아함 **担任** 담임 **あこがれる** 동경하다, 그리워하다 **検診** 검진 **高血圧** 고혈압 **診断する** 진단하다 **塩分** 염분 **控える** 삼가다, 절제하다

말하기 마스터

○ 다음 문장에서 한국어로 되어 있는 부분을 일본어로 바꾸어 말해 봅시다. TRACK 024

① 先輩が早く家に 돌아가게 해 줬습니다.

② 上司が担当したい仕事を 고르게 해 줬습니다.

③ 友達がパソコンを 사용하게 해 줬습니다.

○ 밑줄 친 부분의 표현을 바꾸어 말해 봅시다. TRACK 025

変な服を着る
→ 子供の頃、親に変な服を着させられました。

① 嫌いな野菜を食べる

→ ______________________________

② 英語を習う

→ ______________________________

○ 밑줄 친 부분의 표현을 바꾸어 대화해 봅시다. TRACK 026

佐藤　妹に私のお菓子を食べないように言ってるんですが、やめません。
キム　それは困りましたね。

① 私の部屋に入る

② 夜遅くに部屋で歌を歌う

밑줄 친 부분의 표현을 바꾸어 대화해 봅시다. TRACK 027

佐藤　あれ、キムさん、元気がないですね。どうしたんですか。
キム　実は昨日の飲み会で、友達にお酒をたくさん飲まされて…。
佐藤　それは大変でしたね。
キム　今度会った時に、お酒を強要しないように言おうかなと思っています。

① 昨日、引っ越しの手伝いで、友達 | 重い荷物をたくさん運ぶ | 次の引っ越しには私を呼ばない

② 試験の前日に、姉 | 買い物に行く | 試験の前は頼まない

다음을 참고해서 가족에게 고마운 일에 대해 사역수동과 「～させてくれる」를 사용해 자유롭게 대화해 봅시다. TRACK 028

キム　家族に感謝していることは何ですか。
佐藤　やりたい習い事や進路をいつも私に選ばせてくれたことです。あまりやりたくない習い事をさせられたり、希望していない進路を選ばされたりする人もいるそうですが、私の家ではそんなことがなかったので、本当に感謝しています。

단어

上司 상사　**担当する** 담당하다　**やめる** 그만두다, 중지하다　**実は** 실은, 사실은　**強要する** 강요하다　**前日** 전날, 하루 전
感謝する 감사하다　**習い事** 취미로 배우는 것　**進路** 진로

읽기 마스터

○ 다음 글을 읽고 질문에 답해 봅시다.

荷物のコンビニ受け取りサービス

朝から晩まで仕事で家にいないため、荷物を受け取ることができない。荷物を受け取るために半日家で待たされた。荷物を営業所で受け取ることにしたけど、営業所が近くにない。このような経験をした人は意外と多いのではないでしょうか。近年、このような不便さを解消するコンビニ受け取りサービスが普及しています。インターネットショッピングなどで、商品を購入する際、受け取りをコンビニに指定することで、２４時間、自分の好きな時間に家の近所で荷物を受け取ることができます。このサービスを利用すれば、荷物を受け取るために長い間家で待たされることも、そして、遠い営業所まで取りに行かされることもありません。また、忙しいのに配達会社に電話をして、荷物の再配達をしてくれるように言う必要もありません。現在、このサービスは、大手通販会社の利用時など、限られてはいますが、忙しい現代人にとって非常に魅力的なサービスです。

① 荷物を受け取る時、どんな不便なことがありますか。

□ 荷物を近所のコンビニで受け取る　　□ 荷物を好きな時間に受け取る

□ 荷物を遠い営業所で受け取る　　□ 荷物を家で長い時間待たずに受け取る

② このサービスを利用すれば、どんなことがなくなると言っていますか。

________________ことも、____________________ こともありません。

③ このサービスを利用すれば、再配達の際、どんなことをする必要がありませんか。

____必要がありません。

단어

受け取り 받음, 수취　半日 한나절　営業所 영업소　受け取る 받다, 수취하다　意外と 의외로　近年 최근, 요즘　解消する 해소하다　普及する 보급되다　購入する 구입하다　～際 ～할 때　近所 근처　配達 배달　再配達 재배달　大手 대규모　通販 통신 판매　～時 ～할 시, ～할 때　限られる 한정되다　現代人 현대인　非常に 아주, 매우　魅力的だ 매력적이다

쓰기 마스터

○ 다음 예문과 같이 「～させてくれる」와 「～ように言う」를 사용해 가족이나 친구에게 지적하거나 부탁한 일에 대해 작문해 봅시다.

私は料理が苦手です。また、簡単な作業でも、すごく時間がかかります。私の母はそれを知っているので、朝食や夕食を準備する時、私に手伝わせてくれません。でも私は今よりも料理が上手になりたいと思っています。それで、時間に余裕がある日は、簡単な作業を私に任せてくれるように言いました。

家族や友人に指摘あるいはお願いしたこと

○ 작문한 내용을 서로 발표해 봅시다.

단어

作業 작업　**余裕** 여유　**朝食** 아침(밥), 아침 식사　**任せる** 맡기다　**指摘** 지적

일본어 표현 즐기기

「～(さ)せてくれる」와 「～(さ)せてもらう」의 차이

「～(さ)せてくれる」와 「～(さ)せてもらう」는 화자의 입장에서 상대방에게 허가 받은 것에 대한 고마움을 나타내는 점에서는 같지만, 시점에 있어서 대립하고 있다.
「くれる(주다)」는 허가해준 사람이 주어가 되어 그 시점에서 서술하고, 「もらう(받다)」는 허가 받은 사람이 주어가 되어 그 시점에서 서술한다. 이러한 시점의 차이는 사역형ㅅ과 함께 쓰일 때에도 그대로 적용된다.
더 정중하게 표현할 때는 각각 「～(さ)せてくださる」와 「～(さ)せていただく」가 된다.

부모님이 유학을 보내주셨습니다.

両親が留学に行かせてくれました。 (부모님을 주어로)

(私は) 両親に留学に行かせてもらいました。 (나를 주어로)

A　すばらしい演奏を聞かせていただき、ありがとうございました。ピアノはいつから始められたんですか。
훌륭한 연주를 들려 주셔서 감사합니다. 피아노는 언제부터 시작하셨나요?

B　え～と、5歳の時から始めました。私の家は経済的に余裕がなかったのですが、親が習わせてくれました。
음, 5살 때부터 시작했습니다. 저희 집은 경제적으로 여유가 없었지만 부모님이 배우게 해 주셨어요.

단어

演奏 연주　**聞かせる** 들려주다　**経済的** 경제적

4

お詫(わ)びとお裾(すそ)分(わ)け

학습 목표

1 ~なさい ~하세요, ~해
2 ~べきだ ~해야 한다, ~하는 것이 옳다
3 종조사 わ

회화 워밍업

○ 그림을 보면서 들어 봅시다. TRACK 029

○ 다음 단어를 참고해서 사과 인사와 그에 대한 대답을 해 봅시다. TRACK 030

> 窓を開けたまま・閉める | 暖房を入れたまま・消す
> 大切な資料を机の上に出したまま・しまう
> ごみを捨てずに・捨てる | 出張の報告をせずに・書類を提出する

田中 昨日は＿＿＿＿＿＿＿＿＿＿帰ってしまって、申し訳ありませんでした。

パク 大丈夫ですよ。でも、次からは＿＿＿＿＿＿＿＿＿＿たか確認してから帰ってくださいね。

단어

お詫び 사과, 사죄　お裾分け 나눔　～たまま ~한 채　暖房を入れる 난방을 켜다　しまう 넣어 두다, 치우다　報告 보고　書類 서류

대화를 잘 듣고 아래 질문에 답해 봅시다. TRACK 031

れな	ごめん！ 寝坊しちゃった！ ＿＿①＿＿？
ゆい	１時間も待ったよ！ 寝坊したって、一体何時に起きたの？
れな	１０時…。昨日、寝る前に目覚まし時計をセットしたんだけど、スイッチをオフにしたまま寝ちゃって…。
ゆい	予約した映画、１０時半からだったんだよ。＿＿②＿＿。
れな	本当にごめん。映画のチケットとお昼ご飯は私が出すから、許して。
ゆい	分かった。でも、今度からは気をつけてよ。 ちゃんと＿＿③＿＿確認してね。
れな	うん、気をつける。お昼はゆいの好きなもの何でもごちそうするよ。

1 대화문의 빈칸에 들어갈 알맞은 말을 써 봅시다.

① ＿＿＿＿＿＿＿＿

② ＿＿＿＿＿＿＿＿

③ ＿＿＿＿＿＿＿＿

2 대화의 내용에 대한 다음 질문에 답해 봅시다.

① れなはどうして寝坊してしまいましたか。

＿＿＿＿＿＿＿＿

② れなは遅刻したお詫びとしてお昼をどうすると言っていますか。

＿＿＿＿＿＿＿＿

단어

スイッチ 스위치　オフにする 끄다　ごちそうする 사다, 한턱 내다　遅刻 지각

회화 마스터

이웃인 가토의 집을 찾은 새리 TRACK 032

セリ こんにちは、留学生のキム・セリです。

加藤 あら、こんにちは。

セリ あの、この間はゴミについてのルールをよく知らなくて、ご迷惑をおかけしました。親切に教えてくださって、本当にありがとうございます。もっと早くご挨拶に来るべきだったんですが…。

加藤 いえいえ。初めてじゃ、分からなくても仕方ないわよ。

セリ それで、お詫びというわけじゃないんですが、母が韓国からたくさん送ってきたので、これ、もし良かったらどうぞ。韓国海苔です。お口に合うか分かりませんが…。

加藤 あらあら、こんなことしなくてもいいのに。でも、うちの家族、韓国海苔好きなのよ。ありがたくいただくわ。
そうだ、私今ちょうどお茶をいれようと思っていたところだから、もし忙しくないなら、あがっていきなさいよ。一緒にお茶しましょう。

セリ え、でも、ご迷惑じゃないですか。

加藤 大丈夫よ。ちょっと、いや、けっこう散らかってるけど。どうぞ。

セリ じゃあ、お言葉に甘えて、おじゃまします。

★ 본문 회화를 큰 소리로 읽어 봅시다.

★ 다른 사람과 짝이 되어 함께 말해 봅시다.

단어

ルール 룰, 규칙 **仕方ない** 어쩔 수 없다 **海苔** 김 **口に合う** 입맛에 맞다 **ありがたい** 고맙다, 감사하다 **お茶をいれる** 차를 끓이다 **あがる** (집·방으로) 들어가다 **お茶する** 차를 마시다 **散らかる** 어지러지다, 흩어지다 **お言葉に甘えて** 말씀하신 대로

문법 마스터

1 ~なさい ~하세요, ~해

「~なさい」는 명령이나 지시를 나타내며 동사의 「ます」형에 접속한다. 어머니가 아이에게, 선생님이 학생에게, 주로 감독하는 입장에 있는 사람이 아랫사람에게 사용하는 경우가 많다. 참고로 「~なさい」가 들어간 표현 중에는 「お/ご~」를 붙여서 「ごめんなさい(죄송합니다)」나 「お休(やす)みなさい(안녕히 주무세요)」와 같이 관용적으로 사용되는 경우도 있다.

A お母(かあ)さん、服着替(ふくきが)えるの手伝(てつだ)って。 엄마, 옷 갈아입는 거 도와줘.

B お母(かあ)さん今忙(いまいそが)しいんだから、そのくらい自分(じぶん)でやり**なさい**！
엄마 지금 바쁘니까 그 정도는 혼자서 해.

A 嫌(いや)なことはさっさと忘(わす)れ**なさい**。 나쁜 일은 얼른 잊어버려.

B そう簡単(かんたん)には忘(わす)れられないよ。話(はなし)が通(つう)じないお客(きゃく)にどなられてどんなに辛(つら)かったか、少(すこ)しは私(わたし)の身(み)にもなってみてよ。
그렇게 간단하게는 잊을 수 없어. 말이 통하지 않는 손님이 소리를 질러서 얼마나 힘들었는지, 조금은 내 입장이 되어 봐.

2 ~べきだ ~해야 한다, ~하는 것이 옳다

「~べきだ」는 '~하는 것이 당연하다' 또는 '~하는 것이 옳다'는 의미를 나타낸다. 반대로 '~하는 것이 옳지 않다'고 말할 때는 부정형 「~べきではない」를 사용한다. 「~べきだ」는 일반적으로 동사의 사전형에 접속하지만 「する」의 경우는 「するべき」 외에 「すべき」도 사용된다.

A 日本人(にほんじん)の知(し)り合(あ)いに招待(しょうたい)されたんですが、約束(やくそく)の時間(じかん)よりどれぐらい早(はや)く行(い)く**べきでしょうか**。 아는 일본분에게 초대를 받았는데 약속 시간보다 어느 정도 빨리 가야 하나요?

B そうですね。自宅(じたく)への訪問(ほうもん)でしたら、約束時間(やくそくじかん)の前(まえ)には行(い)かない方(ほう)がいいですね。普通(ふつう)、2(に)、3分(さんぷん)から5分(ごふん)ぐらい遅(おく)れて行(い)くのが一般的(いっぱんてき)です。
글쎄요. 자택을 방문한다면 약속 시간 전에는 가지 않는 편이 좋아요. 보통 2, 3분에서 5분 정도 늦게 가는 것이 일반적입니다.

A 年をとったら無理な運動はすべきではないと言われていますね。
나이가 들면 무리한 운동은 하지 말아야 한다고 하죠.

B 運動のやりすぎはかえって健康を損なう場合もありますから。
運動もほどほどにするべきですね。
지나친 운동은 오히려 건강을 해치는 경우도 있으니까요. 운동도 정도껏 해야 하죠.

3 종조사 わ

종조사는 주로 문 말에 쓰여 의문, 감동, 금지 등 화자의 다양한 기분과 태도를 전달한다. 「～わ」는 일반적으로 여성이 사용하는 종조사로 알려져 있다. 특히 드라마나 소설에서 연배가 있는 여성들의 고상한 말투로 빈번하게 등장하는데, 젊은 사람들은 잘 사용하지 않는다. 실제 회화에서는 주로 친한 관계에서 남성들도 격의 없이 사용하는 경우가 있다. 여성의 경우는 「わ」를 조금 높게 발음하면서 「～ね」나 「～よ」와 같은 종조사와 함께 쓰는 경우가 많은 반면, 남성의 경우는 「わ」를 조금 낮게 발음하며 단독으로 사용하는 경향이 있다.

A 何であのおじさんは結婚しなかったの？ 何で？ 그 아저씨는 왜 결혼 안 하셨어? 왜?

B 知らないわよ。何か事情があるんでしょう。 몰라. 뭔가 사정이 있겠지.

A これからみんなでカラオケ行くんだけど、どうする？
지금부터 다 같이 노래방에 갈 건데, 어떻게 할래?

B この後授業もないし、俺も行くわ。 이 다음에 수업도 없으니 나도 갈래.

단어

着替える 옷을 갈아입다 **自分で** 스스로 **さっさと** 얼른, 빨랑빨랑 **通じる** (말이) 통하다, 의미가 전달되다 **どなる** 호통치다, 고함치다 **身になる** 입장이 되다, 처지가 되다 **知り合い** 아는 사람, 친지 **自宅** 자택 **訪問** 방문 **一般的だ** 일반적이다 **年をとる** 나이를 먹다 **やりすぎ** 도를 지나침 **かえって** 오히려, 도리어 **損なう** 해치다, 망치다 **ほどほど** 알맞은 정도 **事情** 사정

말하기 마스터

- 다음 문장에서 한국어로 되어 있는 부분을 일본어로 바꾸어 말해 봅시다. TRACK 033

① よく噛(か)んで 먹어라。

② 宿題(しゅくだい)をしてから 놀아라。

③ 外(そと)から帰(かえ)ってきたら手(て)を 씻어라。

- 밑줄 친 부분의 표현을 바꾸어 말해 봅시다. TRACK 034

> 最後(さいご)まで責任(せきにん)を持(も)ちます
> → 私(わたし)は、最後(さいご)まで責任(せきにん)を持(も)つべきだと思(おも)います。

① 無理(むり)して付(つ)き合(あ)うぐらいなら、別(わか)れます

→ ______________________________

② 相手(あいて)の成長(せいちょう)のためにも、悪(わる)いところを指摘(してき)してあげます

→ ______________________________

- 밑줄 친 부분의 표현을 바꾸어 대화해 봅시다. TRACK 035

> 私(わたし)　今日(きょう)、夕方(ゆうがた)、出(で)かけるから。
> 母(はは)　じゃあ、夕飯(ゆうはん)は家(いえ)で食(た)べないわね？

① 大学(だいがく)に車(くるま)で行(い)きます ｜ 私(わたし)が買(か)い物(もの)に行(い)く時(とき)、車(くるま)が使(つか)えません

② 飲(の)み会(かい)で帰(かえ)りが遅(おそ)くなります ｜ 夜(よる)、駅(えき)まで迎(むか)えに行(い)った方(ほう)がいいです

밑줄 친 부분의 표현을 바꾸어 대화해 봅시다. TRACK 036

母　ゆうこちゃんとけんかしたらしいわね。

私　自分で努力する前に、すぐ人に頼るべきじゃないって言ったら、怒っちゃって。

母　見えないところで努力していたのかもしれないわね。

私　そうかもしれない…。

母　ちゃんと話し合って、仲直りしなさい。

① よく知らずに、一方的に批判します | ある程度は、状況を知っています

② 授業の方が大切だから、アルバイトをたくさんします | 何かの理由で、お金が必要です

다음을 참고해서 누군가에게 추천 받은 일에 대해 「～なさい」와 「～べきだ」를 사용해 자유롭게 대화해 봅시다. TRACK 037

佐藤　キムさん、京都を旅行したんですよね。どうでしたか。

キム　よかったです。旅行中、駅で会ったおばあさんに「お寺に行くなら、早朝に行ってみなさい」と言われました。実際に早朝に行ってみると、涼しくて空気がよく、観光客も少なかったのでゆっくり見てまわることができました。それで私も、お寺は早朝に行くべきだと思います。

단어

責任を持つ 책임을 가지다　成長 성장　努力する 노력하다　頼る 의지하다, 기대다　話し合う 서로 이야기하다　仲直り 화해　一方的 일방적　批判する 비판하다　ある 어느　程度 정도　状況 상황　実際(に) 실제, 실제로　早朝 조조, 이른 아침　観光客 관광객　見てまわる 구경하며 돌아다니다

읽기 마스터

다음 글을 읽고 질문에 답해 봅시다.

お詫びの文化

日本へ旅行に来た外国の人は、日本人はよく謝るという印象を持つことが多いそうです。実際に、日本では相手に苦情を言われた時、自分の間違いではなくても謝ることがあります。皆さんの中には自分の間違いではないのに謝るべきではない、謝罪は自分の間違いを認めた時にするべきだと思う人がいるかもしれません。しかし、このような場合、日本人は自分の非を認めたから謝っているのではなく、謝ることで、相手の不満、怒りの気持ちを落ち着かせようとしているのです。このお詫びの文化は、武士の身分制度とも関係しています。武士の社会では目上の人への失敗は自分の命に関わる問題でした。したがって、何か問題が起きた場合は、まず謝って相手の気持ちを和らげることが重要だと考えられていました。現代社会でも、サービス業などで、苦情を受けた時にはまず相手を嫌な気持ちにさせたことを謝りなさいと教育することも多いそうです。日本のお詫びの文化は相手の気持ちを大切に思う日本人の性格が表れたものかもしれません。

① 日本人は相手に苦情を言われた時どんな意味を込めて謝っていますか。

□ 相手の気持ちを落ち着かせるため謝る　□ 間違いを深く反省して謝る

□ 怒られているからしかたなく謝る　□ 上司に怒られたくないため謝る

② 武士の社会では何か問題が起きた時、どうすることが重要だと考えられていましたか。

________________________ことが重要だと考えられていました。

③ サービス業ではどんな教育をすることが多いと言っていますか。

________________________と教育することが多いそうです。

단어

印象 인상　苦情 불만, 불평　間違い 틀림, 잘못함　謝罪 사죄　認める 인정하다　非 잘못　不満 불만　怒り 분노, 화
落ち着かせる 진정시키다　武士 무사　身分制度 신분제도　目上の人 손윗사람　和らげる 누그러뜨리다, 완화시키다
サービス業 서비스업　重要だ 중요하다　性格 성격　表れる 나타나다　込める 담다, 포함하다　反省する 반성하다

쓰기 마스터

◎ 다음 예문과 같이 「～なさい」와 「～べきだ」를 사용해 어렸을 때 부모님에게 들었던 얘기에 대해 작문해 봅시다.

> 子供のころ、親からよく「約束を守りなさい」と言われました。約束を守らないと、人から信頼されなくなるからです。もちろん、努力しても何かの理由で約束が守れなくなることもあります。そのような時は、そのことを相手に早めに伝えて、心を込めて謝るべきだと言われました。

子供の時に言われたこと

◎ 작문한 내용을 서로 발표해 봅시다.

단어

信頼する 신뢰하다　早めに 빨리, 일찌감치

「~すべきだ」와 「~なければならない」의 차이

「~すべきだ」와 「~なければならない」는 둘 다 어떤 일을 해야 한다는 '당위성'을 나타내지만 당위성의 근거에 있어서 다소 차이가 있다.
「~すべきだ」는 사회적인 규범을 근거로 하고 있지만, 어디까지나 말하는 사람의 입장에서 당위성이나 가치를 강하게 조언할 때 사용된다. 「~した方(ほう)がいい(~하는 편이 좋다)」나 「~する価値(かち)がある(~할 가치가 있다)」보다 강한 충고 표현이라고 말할 수 있다.
「~なければならない」는 법률이나 규칙, 도덕 또는 관습 등 사회적인 내용을 근거로 한 의무를 나타내며 개인적인 문제라도 자신의 의지로 맘대로 바꿀 수 없는 사실에 사용되는 경우가 많다.

A　佐藤(さとう)さんが担当(たんとう)したんですから、彼(かれ)がすべて責任(せきにん)を**取(と)らなければならない**んじゃないですか。
사토 씨가 담당했으니 그가 모든 책임을 져야만 하지 않나요?

B　いいえ、彼(かれ)、一人(ひとり)の責任(せきにん)ではありません。みんなで責任(せきにん)を**取(と)るべきです**。 아니요. 그 혼자만의 책임이 아닙니다. 모두가 책임을 져야 합니다.

단어

責任を取る 책임을 지다

5

サークルのＯＢ会

학습 목표

1 ～ようだ ～(와) 같다
2 ～とは限らない ～라고는 할 수 없다, ～라고는 단정할 수 없다
3 ～て以来 ～한 이래

회화 워밍업

○ 그림을 보면서 들어 봅시다. TRACK 038

○ 다음 단어를 참고해서 친구가 고민하고 있는 일에 대해 말해 봅시다. TRACK 039

ヨガを習う | 海外の大学院に行く | 違う部署に移る
今の相手と結婚する | 今より大きい車を買う

パク 高校の同窓会では、会いたかった友達に会えましたか。

田中 はい。その友達、＿＿＿＿＿＿＿＿＿＿かどうか悩んでいたので、私の経験を少し話しました。

단어

同窓会 동창회, 동문회　同期 동기　辞める 그만두다, 사직하다　アドバイス 조언, 충고　ヨガ 요가　大学院 대학원　部署 부서
移る 옮기다, 이동하다　相手 상대　悩む 고민하다　経験 경험

대화를 잘 듣고 아래 질문에 답해 봅시다. TRACK 040

ゆい　昨日、サークルの後、＿＿＿①＿＿＿帰ってたよね？

たける　ああ、昨日は久しぶりに高校の時の友達と会ってたんだ。

ゆい　あ、そうだったんだ。じゃあ家に＿＿＿②＿＿＿。

たける　うん。進路のこととか、いろいろ話してたら、すぐ時間が経っちゃったよ。

ゆい　高校の時の友達に久しぶりに会うと、大学のいつもの友達とは違ったアドバイスをもらえたりするから、いいよね。

たける　そうそう。その友達、＿＿＿③＿＿＿、すごく悩んでて。

ゆい　就職でも大学院進学でも、悩みは尽きないね。

1 대화문의 빈칸에 들어갈 알맞은 말을 써 봅시다.

① ＿＿＿＿＿＿＿＿＿＿

② ＿＿＿＿＿＿＿＿＿＿

③ ＿＿＿＿＿＿＿＿＿＿

2 대화의 내용에 대한 다음 질문에 답해 봅시다.

① 昨日、たけるはサークルの後に何をしましたか。

＿＿＿＿＿＿＿＿＿＿

② 高校の時の友達に久しぶりに会うと、何がいいですか。

＿＿＿＿＿＿＿＿＿＿

단어

時間が経つ 시간이 지나다　就職 취직　進学 진학　悩み 고민　尽きる 끝나다, 다하다

회화 마스터

동아리 모임에서 선배 나오토를 만난 새리 TRACK 041

セリ　あ、直人先輩！ お久しぶりです。

直人　おう、久しぶり。元気？ 俺が卒業して以来だから、会うのは１年ぶりか。就職活動で、また日本に来てるんだってね。

セリ　はい、そうなんです。今度、そのことで相談させてください。

直人　そういえば、中国人の彼氏とはまだ付き合ってんの？

セリ　それ聞きますか…。実は、二人とも国へ帰って遠距離になってから、何となく疎遠になっちゃって。
やっぱり、遠距離恋愛って、続けるのは難しいのかな。

直人　う～ん、どうだろうね。遠距離だからと言って続かないとは限らないと思うけど…。

セリ　遠距離でもまめに会いに来てくれるような人だったら、続いたのかな。

直人　反対に、セリは中国に会いに行ってたの？
同期の香奈も遠距離だったけど、香奈の方からよく会いに行ってたんだって。

セリ　実は一回も行きませんでした…。

★ 본문 회화를 큰 소리로 읽어 봅시다.

★ 다른 사람과 짝이 되어 함께 말해 봅시다.

단어

～て以来 ～한 이래 **～ぶり** ～만 **活動** 활동 **そういえば** 그러고 보니 **付き合う** 어울리다, 사귀다 **二人とも** 두 사람 다
遠距離 원거리 **何となく** 웬일인지, 어쩐지 **疎遠** 소원함 **～だからと言って** ～라고 해서 **～とは限らない** ～라고는 단정할 수 없다
まめだ 부지런하다, 성실하다

문법 마스터

1 ～ようだ ～(와) 같다

「～ようだ」는 '추량'의 의미 외에 '비유·예시'도 나타낸다. 비유·예시란 어떤 사물이나 상태, 동작 등을 다른 것에 빗대어 표현하는 것으로, 한국어의 '~와 같은, ~처럼'에 해당하는 표현이다. 명사는 「～のようだ」와 같이 접속하며, 형용사나 동사의 경우는 종지형에 접속한다. 「まるで/あたかも(마치, 흡사)」와 같이 예시를 나타내는 부사와 함께 쓰이는 경우가 많으며 「割(わ)れるような拍手(はくしゅ)(우레와 같은 박수)」와 같이 관용적으로 사용되는 표현도 있다.

A この猫(ねこ)、まるで雪(ゆき)のような真(ま)っ白(しろ)い毛(け)ですね。 이 고양이, 털이 마치 눈처럼 새하얗네요.

B それに太(ふと)っていて雪(ゆき)だるまみたいですね。 게다가 살이 쪄서 눈사람 같네요.

A あの人(ひと)は、あなたの思(おも)っているような人(ひと)ではないよ。
그 사람은 당신이 생각하는 그런 사람이 아니야.

B そうかな。田中(たなか)さんは絶対(ぜったい)に自分(じぶん)のことだけを考(かんが)えて行動(こうどう)するような人(ひと)ではないと思(おも)うけど。 그런가? 다나카 씨는 절대로 자신의 일만 생각해서 행동할 사람은 아니라고 생각하는데.

2 ～とは限(かぎ)らない ～라고는 할 수 없다, ～라고는 단정할 수 없다

「～とは限(かぎ)らない」는 조사 「と(인용)＋は(강조)」에 동사 「限(かぎ)る(한정하다, 제한하다)」의 부정형인 「限(かぎ)らない(한정하지 않는다)」가 결합한 문형으로, 일반적으로는 옳다고 인정되는 내용이라도 반드시 그렇지 않은 경우(예외)가 있다는 것을 말하고 싶을 때 사용한다. 의미상 「～とは言(い)えない(~라고는 말할 수 없다)」와 유사하다.

A 日中(にっちゅう)、家(いえ)にあまりいない人(ひと)には、南向(みなみむ)きだけじゃなくて東向(ひがしむ)きの部屋(へや)もいいらしいよ。 낮에 집에 별로 없는 사람에게는 남향만이 아니라 동향인 방도 좋다나 봐.

B そうなんだ。日本(にほん)では昔(むかし)から南向(みなみむ)きがいいと言(い)われてきたけど、今(いま)はそれぞれライフスタイルが違(ちが)うから南向(みなみむ)きだけがいいとは限(かぎ)らないんだね。
그렇구나. 일본에서는 예로부터 남향이 좋다고 해왔는데, 지금은 각자 라이프 스타일이 다르니까 남향만 좋다고는 단정할 수 없겠네.

A　機械翻訳には手軽に翻訳できるという利点がありますが、必ずしも正確な翻訳であるとは限りません。

기계 번역은 손쉽게 번역할 수 있다는 이점이 있지만, 반드시 정확한 번역이라고는 단정할 수 없습니다.

B　そうですね。言葉を機械的に置き換えるので、特に小説や詩などの文学作品は原文のニュアンスが失われて、不自然な文章になることがしばしばありますね。 그렇네요. 말을 기계적으로 옮기기 때문에, 특히 소설이나 시 등의 문학 작품은 원문의 뉘앙스가 사라져 부자연스러운 문장이 되는 일이 가끔 있지요.

3 ～て以来 ～한 이래

「～て以来」는 앞에 서술되는 시점을 기준으로 어떤 상황이나 상태가 그때부터 지금까지 계속된다는 의미를 나타낸다. 「ずっと(쭉, 계속)」와 같은 부사나 「～ている/～ていない」와 같은 술어와 호응하는 경우가 많다. 「～て以来だから(~한 이래로 처음이니까)」와 같이 직접 술어로 사용되기도 한다.

A　一人暮らしを始めて以来、ずっと朝ごはんは食べていません。

혼자 살게 된 이래로 쭉 아침밥은 먹지 않아요.

B　健康な一日を過ごすために朝食は欠かせません。５分ぐらいでできる簡単レシピも多いから、一度作ってみたらどうですか。

건강한 하루를 보내기 위해서 아침밥은 거를 수 없죠. 5분 만에 완성되는 간단 레시피도 많으니까 한 번 만들어 보면 어때요?

A　済州島は初めてですか。 제주도는 처음인가요?

B　いいえ、２度目です。大学の卒業旅行で来て以来だから、５年ぶりです。

아니요. 두 번째입니다. 대학 졸업여행으로 온 이래로 처음이니까 5년 만입니다.

단어

真っ白い 새하얗다 **毛** 털 **雪だるま** 눈사람 **行動する** 행동하다 **日中** 낮 **南向き** 남향 **東向き** 동향 **それぞれ** 제각각, 각자 **ライフスタイル** 라이프 스타일 **機械翻訳** 기계 번역 **手軽だ** 손쉽다, 간단하다 **利点** 이점, 장점 **正確だ** 정확하다 **機械的に** 기계적으로 **置き換える** 바꿔 놓다, 옮겨 놓다 **原文** 원문 **ニュアンス** 뉘앙스, 어감 **失う** 잃다 **不自然だ** 부자연스럽다 **しばしば** 자주, 종종 **健康だ** 건강하다 **過ごす** 지내다 **欠かす** 빠뜨리다, 거르다 **レシピ** 레시피, 조리법

말하기 마스터

○ 다음 문장에서 한국어로 되어 있는 부분을 일본어로 바꾸어 말해 봅시다. TRACK 042

① 引っ越しを 한 이래로、毎日掃除をしている。

② 会社を 그만둔 이래로、あの街には全然行ってない。

③ 工藤さんの結婚式で 만난 이래로 처음이니까、3年ぶりだね。

○ 밑줄 친 부분의 표현을 바꾸어 말해 봅시다. TRACK 043

お金持ち | 幸せだ

→ お金持ちだからと言って、幸せだとは限りませんよ。

① 恋人がアメリカ人 | 英語がうまくなる

→ ____________________

② お父さんが数学の先生 | 教えてもらえる

→ ____________________

○ 밑줄 친 부분의 표현을 바꾸어 대화해 봅시다. TRACK 044

先生 将来、どんな人と結婚したいですか。

学生 私は風邪の時におかゆを作ってくれるような人と結婚したいです。

① どんな人になる | みんなから尊敬される | 人になる

② どんな仕事をする | 人の命を助ける | 仕事をする

밑줄 친 부분의 표현을 바꾸어 대화해 봅시다. TRACK 045

りょうた　本当(ほんとう)に久(ひさ)しぶりだね

はるか　そうだね。大学(だいがく)を卒業(そつぎょう)して以来(いらい)だから、１０年(じゅうねん)ぶりだね。

りょうた　そういえば、山本(やまもと)さん、結婚(けっこん)したって聞(き)いたけど、旦那(だんな)さん、芸能人(げいのうじん)のような人(ひと)なんだってね。

はるか　私(わたし)、先月(せんげつ)、会(あ)ったんだけど、本当(ほんとう)にハンサムだったよ。

① アメリカへ留学(りゅうがく)に行(い)きました ｜ スポーツ選手(せんしゅ) ｜ 背(せ)が高(たか)くて体(からだ)が大(おお)きい

② 前(まえ)の同窓会(どうそうかい)で会(あ)いました ｜ 芸術家(げいじゅつか) ｜ 服(ふく)がおしゃれで、話(はなし)が面白(おもしろ)い

다음을 참고해서 새로 알게 된 일에 대해 「～とは限(かぎ)らない」와 「～て以来(いらい)」를 사용해 자유롭게 대화해 봅시다. TRACK 046

りょうた　ねえ、知(し)ってる？ 先月(せんげつ)、東京(とうきょう)に新(あたら)しく動物園(どうぶつえん)ができたんだって。

はるか　へえ、知(し)らなかった。動物園(どうぶつえん)は小学校(しょうがっこう)の遠足(えんそく)で行(い)って以来(いらい)だから、行(い)ってみたいな。でも、オープンしてすぐだから、人(ひと)が多(おお)いかな。

りょうた　その動物園(どうぶつえん)、郊外(こうがい)にあるから、オープンしてすぐだけど混(こ)んでるとは限(かぎ)らないと思(おも)うよ。

단어

おかゆ 죽　尊敬する 존경하다　助ける 구하다　旦那 남편　芸能人 연예인　芸術家 예술가　遠足 소풍　郊外 교외

읽기 마스터

다음 글을 읽고 질문에 답해 봅시다.

遠距離恋愛

遠距離恋愛を続けるのは簡単ではありません。「遠距離になって以来、ずっと男性が女性に会いに行っている」または「いつも女性が男性のところに会いに行っている」、このような関係は長続きしない場合が多いそうです。相手が会いに来てくれるのをいつも待っているような姿勢はよくありません。お金もエネルギーもたくさん必要ですが、お互いが相手のところに会いに行こうとする姿勢が大事だと言えます。また、会えない時間が長いので、寂しさを感じやすいのが遠距離恋愛です。他のカップルと自分たちを比較して相手を責めても寂しさが大きくなるだけです。周りの人とすぐに比較してしまうような人は、遠距離恋愛に向いていないかもしれません。寂しい気持ちが大きくならないように、遠距離恋愛では定期的に連絡をして、思っていることを素直に伝えあうことが大切です。とても寂しい時は、近くにいる優しい人に頼りたい気持ちになることがあるので気をつけましょう。遠距離恋愛だからと言っていつもうまくいかないとは限りません。お互いの配慮と努力があれば、長く続いて結婚に至るカップルもいるからです。

① どのような姿勢はよくないと言っていますか。

□ 遠距離恋愛を続ける姿勢　　□ 相手のところに会いに行く姿勢

□ 相手が来てくれるのを待つ姿勢　　□ 会えない時間を短くする姿勢

② 遠距離恋愛に向いていないかもしれないのは、どのような人ですか。

周りの人と＿＿＿＿＿＿＿＿＿＿＿＿＿＿人は向いていないかもしれません。

③ 遠距離恋愛だとうまくいきませんか。

いいえ、＿＿＿＿＿＿＿＿＿＿＿＿＿＿＿＿＿＿＿＿。

단어

長続き 오래 지속됨　**姿勢** 자세　**エネルギー** 에너지　**カップル** 커플, 연인, 부부　**比較する** 비교하다　**責める** 탓하다, 나무라다
周り 주변　**向く** 적합하다, 맞다　**定期的** 정기적　**素直だ** 솔직하다　**配慮** 배려　**至る** 이르다, 다다르다

쓰기 마스터

○ 다음 예문과 같이 「～ような」와 「～以来」를 사용해 장래에 하고 싶은 일에 대해 작문해 봅시다.

> 大学を卒業したら、英語を使って世界中の会社とやりとりをするような仕事がしたいです。そのために、大学に入学して以来、一日も欠かさず毎日英語を勉強しています。

将来就きたい仕事

○ 작문한 내용을 서로 발표해 봅시다.

단어

やりとり 주고받음, 교환　就く 종사하다, 취직하다

일본어 표현 즐기기

「以来」와 「以降」, 「以後」의 차이

「以来」「以降」, 「以後」는 모두 시점을 기준으로 기간을 나타내는 말이지만 다음과 같은 차이점이 있다.

「以来」는 주로 과거의 어느 시점으로부터 현재까지 상태나 동작이 계속됨을 나타내며 미래에 대해서는 사용할 수 없다.

留学に来て以来、毎日家族にメールをしている。
유학을 온 이래로 매일 가족에게 이메일을 보내고 있다.

「以降」는 어느 시점을 포함하여 그 때부터 다른 기준점까지의 기간을 의미하며 과거와 미래 어느 쪽이나 사용 가능하다.

日本では夜９時以降に電話をするのは避けるべきだと考えられています。
일본에서는 밤 9시 이후에 전화를 하는 것은 피해야 한다고 여기고 있습니다.

来週以降のスケジュールは未定です。 다음 주 이후의 스케줄은 미정입니다.

「以後」는 어느 시점을 중심으로 '그 후'를 의미한다. 「以前(이전)」과 대립되는 개념으로 발화 시점을 기준으로 '이제부터'라는 의미도 나타낼 수 있다.

アメリカでは、9.11 事件以後、荷物検査がさらに厳しくなった。
미국에서는 9.11사건 이후 짐 검사가 더욱 엄격해졌다.

以後気をつけます。 앞으로 주의하겠습니다.

A **山田君、君は開講以来、毎週遅刻をしているよね。1時間以上遅れて、10時以降に教室に入ってきたこともあるでしょ。**
야마다 군, 자네는 개강한 이래로 매주 지각하고 있네. 1시간 이상 늦어서 10시 이후에 강의실에 들어온 일도 있지?

B **申し訳ございません。以後、気をつけます。**
죄송합니다. 앞으로 주의하겠습니다.

단어

スケジュール 스케줄, 일정, 예정 **未定** 미정 **事件** 사건 **検査** 검사 **さらに** 더욱 **開講** 개강

6

地震(じしん)避難(ひなん)訓練(くんれん)

학습 목표

1 동사 + まで ~할 때까지, ~(하기)까지
2 ~た 발견·상기
3 ~の通(とお)り(に) / ~通(とお)り(に) ~대로

회화 워밍업

○ 그림을 보면서 들어 봅시다. TRACK 047

○ 다음 단어를 참고해서 뉴스에서 알게 된 지진 정보에 대해 말해 봅시다. TRACK 048

停電する ｜ 電車が止まる ｜ いくつかの家が壊れる
電話がつながりにくくなる ｜ 土砂崩れも起きる

田中 昨日の地震、けっこう大きかったですね。

パク そうですね。ニュースで震源に近いところでは＿＿＿＿＿＿＿＿＿＿たって言ってましたよ。

단어

氾濫する 범람하다　停電する 정전되다　つながる 연결되다, 이어지다　土砂崩れ 토사 붕괴, 산사태　震源 진원

대화를 잘 듣고 아래 질문에 답해 봅시다. TRACK 049

ゆい　先週の台風は雨も風も強かったよね。
私、その時、家に一人だったから、けっこう怖かったよ。
ニュースでも、いろんなところで＿＿①＿＿よね。

たける　うん。でも、災害の中でも台風とか大雨は、いつ頃来るかがだいたい予測できるから被害を＿＿②＿＿、事前に準備ができるよね。

ゆい　準備って、例えば、飛ばされそうなものを固定したり、家の中に入れたり？

たける　そうだね。あとは、生活用水に使うためにバスタブに水をためておいたり、割れても＿＿③＿＿ガラスにフィルムを貼ったりするのも、いいみたいだよ。

1 대화문의 빈칸에 들어갈 알맞은 말을 써 봅시다.

① ＿＿＿＿＿＿＿＿

② ＿＿＿＿＿＿＿＿

③ ＿＿＿＿＿＿＿＿

2 대화의 내용에 대한 다음 질문에 답해 봅시다.

① 災害の中でも、台風や大雨はどうして事前に準備ができますか。

＿＿＿＿＿＿＿＿

② 事前の準備で、バスタブに水をためておくのは、なぜですか。

＿＿＿＿＿＿＿＿

단어

災害 재해　**予測** 예측　**事前に** 사전에, 미리　**飛ばす** 날리다, 튀기다　**固定する** 고정하다　**生活用水** 생활용수　**バスタブ** 욕조
飛び散る 흩날리다, 튀다　**フィルム** 필름　**貼る** 붙이다, 바르다

회화 마스터

지진 피난 훈련에 대해 가토에게 물어보는 새리 TRACK 050

セリ あの、地震避難訓練のお知らせ見たんですけど、避難訓練ってどんなことするんですか。

加藤 ああ、セリちゃんが引っ越してきてから初めてだったわよね。

セリ 土曜日の１０時に町内放送があるんですよね。

加藤 そう、その町内放送があるまで、家で待ってればいいの。
放送の後、まず、公民館に集まって、それからみんなで一緒に避難所の桜第二小学校に避難するのよ。
放送の案内の通りに行動すれば大丈夫よ。

セリ まず公民館に行けばいいんですね。分かりました。

加藤 ところで、地震が起きたら初めに何をすればいいか、知ってる？

セリ ええと…。外に出る？

加藤 違うわよ。まずは自分の身を守らないと。机の下に入ったり、クッションで頭を守ったりするの。

セリ まずは、身の安全の確保ですね。

加藤 そうよ。何かあってからじゃ遅いからね。普段から訓練していれば、地震の時にも練習した通りに行動できるわよ。

★ 본문 회화를 큰 소리로 읽어 봅시다.

★ 다른 사람과 짝이 되어 함께 말해 봅시다.

단어

避難 피난　**訓練** 훈련　**お知らせ** 알림, 통지　**町内** 동네, 마을 안　**公民館** 마을 회관, 주민 회관　**避難所** 피난처　**～の通りに** ~대로
身 몸, 신체　**クッション** 쿠션　**確保** 확보　**普段** 평소

문법 마스터

1 동사 + まで ~할 때까지, ~(하기)까지

「~まで」는 시간이나 장소를 나타내는 명사에 접속하여 '한도'나 '도달점'을 나타내는 조사인데, 동사와 함께 쓰이면 그 동작이 이루어지기 까지 어떤 상태가 계속됨을 나타낸다. 일반적으로 조사가 동사에 접속할 때는 「こと」나 「もの」와 같은 형식 명사가 필수적이지만 「~まで」의 경우는 형식 명사 없이 직접 동사의 사전형에 접속한다.

A これ、もう食べても大丈夫ですか。 이거 이제 먹어도 되나요?

B え~と、お肉の色が変わる**まで**待ってから食べてください。
음~, 고기 색깔이 변할 때까지 기다렸다가 드세요.

A 渋谷駅の「ハチ公」は「ハチ」という犬のことですか。
시부야 역의 "하치 공"은 "하치" 라는 개를 말하는 건가요?

B はい。その犬は、亡くなった主人が帰ってくるのを待って、死ぬ**まで**駅で待ち続けたそうです。 네, 그 개는 죽은 주인이 돌아오기를 기다리며 죽을 때까지 역에서 계속 기다렸다고 해요.

2 ~た 발견·상기

일본어 동사의 「た」형은 기본적으로 '과거'나 '완료'를 나타내지만 경우에 따라서는 시제와 관련 없이 발화 시점의 인식을 나타내기도 한다. 특히 어떤 물건을 찾아내거나(발견), 잊었던 일을 다시 기억해 낸 경우(상기) 다음과 같이 「た」형이 사용된다. 우리말에서도 비슷한 용법이 있으므로 기억해 두자.

(발견) あっ、こんなところに**あった**。 아, 여기 있었네.

(상기) そうだ。今日は娘の**誕生日だった**。 맞다, 오늘은 딸아이 생일이었어.

A あ、やっとバスが来**た**！ 아, 드디어 버스가 왔다!

B 本当だ。結構待ったね。 정말이네. 꽤 기다렸네.

A 君は、確か、山田君と同じ高校の出身だったよね。
자네는 아마 야마다 군과 같은 고등학교 출신이었지?

B はい、山田さんは２年上の先輩です。 네, 야마다 씨는 2년 선배입니다.

3 ～の通り(に)/～通り(に) ～대로

「通り」는 원래 '도로', '왕래'를 의미하는 명사이지만 다른 단어 뒤에 접속하여 보조적으로 사용되기도 한다. 명사에 사용될 때는 주로「予定(예정), 計画(계획), 指示(지시), 命令(명령), 思い(생각), 考え(생각)」등에 접속하여 '~와 같이, ~대로'라는 의미를 나타낸다.「の」없이 명사에 직접 접속하는 경우에는「～通り」와 같이 탁음이 된다. 동사에 접속할 때는「通り」앞에 종지형이 오는데, 예를 들어 술어가 나타내는 의미에 따라 과거의 일이나 완료된 일인 경우에는 과거완료형(「～(し)た」형)이 사용된다. 명사와 달리 동사의 경우는「思う, 考える(생각하다)」와 같이 생각을 나타내는 동사나「言う(말하다), おっしゃる(말씀하시다)」등의 발언을 나타내는 동사 외에도 다양한 동사가 사용된다.

A 明日の商談の準備はできましたか。 내일 거래 협상 준비는 되었나요?

B はい、会議でご指摘いただいた指示の通りに手配いたしました。
네, 회의 때 지적해주신 지시 대로 준비했습니다.

A このご飯、すごくおいしいんだけど、何か秘密があるの？
이 밥 아주 맛있는데 뭔가 비밀이 있어?

B 秘密なんてありませんよ。ごく普通に、母から教わった通りに炊いただけですよ。 비밀 같은 거 없어요. 아주 평범하게 엄마한테 배운 대로 지었을 뿐이에요.

단어

亡くなる 사망하다, 죽다 **出身** 출신 **商談** 상담, 거래 얘기 **指示** 지시 **手配する** 준비하다 **秘密** 비밀 **ごく** 대단히, 아주 **普通だ** 평범하다 **教わる** 배우다 **炊く** (밥을) 짓다

말하기 마스터

○ 다음 문장에서 한국어로 되어 있는 부분을 일본어로 바꾸어 말해 봅시다. TRACK 051

① 午前中、荷物が 도착할 때까지 出かけないでね。

② 夕方、お父さんが 돌아올 때까지 寝ないでね。

③ 午後１時におばあちゃんから電話が 걸려 올 때까지 待っててね。

○ 밑줄 친 부분의 표현을 바꾸어 말해 봅시다. TRACK 052

> 来週 | 誕生日だ
> → そういえば、来週、誕生日だったよね。

① サークルのミーティング | 10時からだ

→ ____________________

② 今月末 | パーティーがある

→ ____________________

○ 밑줄 친 부분의 표현을 바꾸어 대화해 봅시다. TRACK 053

> 私　明日のピアノの発表会、心配だな。
> 母　大丈夫。練習した通りに弾けばいいのよ。

① 来週のダンスコンテスト | ダンス教室で習う | 踊る

② 明後日一人でおばあちゃんのうちに行くの | さっき説明する | 行く

밑줄 친 부분의 표현을 바꾸어 대화해 봅시다. TRACK 054

りょうた　来週の木曜、英会話のテストがあったよね？

はるか　うん、そうだよ。

りょうた　すっかり忘れてた！ 木曜、心配だな。

はるか　大丈夫。りょうたは上手だから、いつもの通りに話せば、いい点数が取れると思うよ。

① ピアノの授業で演奏課題がある | 普段の練習 | 弾く | 間違えないで弾ける

② バンドの練習に先輩が来る日だ | これまで練習する | 演奏する | 先輩が褒めてくれる

다음을 참고해서 노력했지만 잘 되지 않은 일에 대해 「～まで」와 「～通り(に)」를 사용해 자유롭게 대화해 봅시다. TRACK 055

佐藤　努力したのにうまくいかなかったことってありますか。

キム　そうですね。この前、ダンスの発表会があったんですが、緊張して練習した通りに踊ることができませんでした。毎日足が痛くなるまで練習したのに、残念です。次の発表会ではもう少し、いつも通りに楽しく踊れるよう、リラックスして臨みたいと思います。

단어

コンテスト 콘테스트, 경연　踊る 춤추다　点数 점수　課題 과제　バンド 밴드, 악단　緊張する 긴장하다　リラックス 릴랙스, 긴장을 품　臨む 임하다

읽기 마스터

다음 글을 읽고 질문에 답해 봅시다.

台風の予報とハザードマップ

台風の情報を知りたい時、私たちは天気予報を確認します。台風が進む可能性の高いコースは白い円と線で示されます。しかしこれは台風の中心が７０％の確率で入る範囲を示したものなので、いつも台風がこの線の通りに進むわけではありません。初めに予想した通りに進まず、違う方向に進んでいくこともよくあります。また、台風を示す白い円は、時間が経つほど大きく示されます。これを見て「台風はどんどん強くなるんだな」と思う人もいますが、それは間違いです。時間が後になるほど予想が難しいので、７０％の確率の範囲が大きくなっているだけなのです。天気予報を確認したら、あなたが今住んでいる地域に台風が来るまでに、台風に対する準備をしておきましょう。台風が来ると、強い風や雨のほか洪水や高潮などの災害が起きることもあります。そこで自然災害の範囲や程度を予想した「ハザードマップ」を確認しておくことも大切です。ただし、実際の被害はハザードマップの通りにならないこともあるので、危険地域に指定されていないところに住む人も、しっかり準備をしておきましょう。

① 台風の進路について、合っているのはどれですか。

- □ ３０％の台風は違うコースを進む
- □ 進路は黒い線と白い円で示す
- □ 予報した線の通りに進む
- □ 予想した通りに進まないこともある

② 天気予報を確認したら、いつまでに台風に対する準備をしたらいいですか。

自分が＿＿＿＿＿＿＿＿＿＿＿＿＿＿＿＿準備をしたらいいです。

③ どうして危険地域内に住む人以外も準備が必要ですか。

実際の被害は＿＿＿＿＿＿＿＿＿＿＿＿＿＿＿＿からです。

단어

予報 예보　ハザードマップ 해저드맵, 재해예측도　可能性 가능성　中心 중심　確率 확률　範囲 범위　示す 나타내다　予想する 예상하다　どんどん 자꾸자꾸, 계속　洪水 홍수　高潮 해일　自然 자연　～に対する ~에 대한　思い込む 굳게 믿다, 마음먹다

쓰기 마스터

○ 다음 예문과 같이 「～通り(に)」와 「～まで」를 사용해 열심히 노력해 좋은 성과를 얻은 일에 대해 작문해 봅시다.

> テスト期間中は毎日学校の図書館で帰りのバスがなくなるまで勉強しました。テストには問題集で解いた通りの問題が出たので、すらすらと答えることができました。

努力した結果、いい成果を収めたこと

○ 작문한 내용을 서로 발표해 봅시다.

단어

問題集 문제집 **解く** 풀다 **すらすら** 술술, 척척, 거침없이 **成果** 성과 **収める** 거두다, 얻다

일본어 표현 즐기기

「通り」와 「とおり」의 차이

최근 「通り」를 「とおり」로 표기하는 경우가 많은데 여기에는 규칙이 있을까요? 결론부터 말하면 어느 쪽으로 표기하든 둘 다 맞습니다. 다만 일본의 공용문(국가나 정부 등 공공단체가 작성하는 문서나 법령 등에 쓰이는 문장)에서는 표기를 통일하기 위해서 '공용문의 한자 사용 등에 관하여'라는 통지를 내고 있는데, 1981년도의 통지에서 「○○のとおり」와 같이 보조적으로 사용되는 경우에는 히라가나를 사용한다고 결정되었습니다. 신문 표기에서는 압도적으로 한자 표기인 「通り」가 많이 사용되고 있는데, 이와 같이 현대 일본어에서는 한자 표기와 히라가나 표기가 같이 사용되고 있습니다. 이외에 다음과 같은 어구의 경우에도 히라가나로 쓴다고 정해져 있습니다.

① こと

出歩かないこと。 나돌아다니지 말 것

② とき

欠席するときは連絡すること。 결석할 때에는 연락할 것

③ できる

だれでも利用できる。 누구라도 이용할 수 있다.

④ ～てよい

誰でも使ってよい。 누구나 사용해도 된다.

A **日本の公用文では「通り」と「とおり」を区別していると聞いたんですが。** 일본의 공용문에서는 '通り'와 'とおり'를 구별한다고 들었는데요.

B **はい、「新宿通り」のように道の場合は漢字の「通り」を、「次のとおり」のように補助的に使う場合は平仮名の「とおり」を使っています。** 네. '신주쿠길'처럼 길의 경우에는 한자인 '通り'를, '다음과 같이'처럼 보조적으로 사용할 경우에는 하라가나인 'とおり'를 사용하고 있어요.

단어

出歩く 나돌아다니다 **公用文** 공용문, 공식문서의 문장 **区別する** 구별하다 **補助的に** 보조적으로

7

最近(さいきん)のニュース

학습 목표

1 ～だろう ～(이/하)겠지
2 ～ている間(あいだ)(に) ～하는 동안(에)
3 ～っけ ～(였/했)지?, ～(였/했)나?

회화 워밍업

그림을 보면서 들어 봅시다. TRACK 056

다음 단어를 참고해서 최근에 들은 뉴스에 대해 대화해 봅시다. TRACK 057

九州地方の大雨・家に住めなくなる・本当に大変だ
フジゲームの経営不振・新しいゲームができなくなる・残念だ
五つ子・子供が一度に5人も増える・寝る暇もなさそうだ
東京の大雪・家に帰れない・次の日困る
殺人アメーバ・日本でも見つかる・怖い

田中 ＿＿＿＿＿＿＿＿＿＿＿＿＿＿＿＿＿のニュース、見ましたか。

パク はい、見ました。＿＿＿＿＿＿＿＿＿＿＿＿＿＿＿＿たりしたら

＿＿＿＿＿＿＿＿＿＿＿＿＿＿＿＿＿＿＿＿＿＿＿よね。

단어

振袖 후리소데, 미혼 여성의 예복 **レンタル** 렌탈, 대여 **業者** 업자 **倒産する** 도산하다 **成人式** 성인식 **九州** 규슈(지명) **地方** 지방 **経営** 경영 **不振** 부진 **五つ子** 다섯 쌍둥이 **増える** 늘다, 늘어나다 **殺人** 살인 **アメーバ** 아메바 **見つかる** 발견되다

대화를 잘 듣고 아래 질문에 답해 봅시다. TRACK 058

たける	ねえ、昨日の振袖レンタル会社のニュース見た？
ゆい	見た、見た！ ＿＿①＿＿。ひどいよね。 経済状態が悪いことは、前から分かってたはずなのに。
たける	うん。ニュースのインタビューで泣いている人もいたよ。 今頃自分が選んだ振袖を着て＿＿②＿＿のにって。
ゆい	本当にかわいそう。成人式の日に倒産…。誰も予想できないよね。
たける	このニュースを見て、かわいそうに思った呉服店が特別に＿＿③＿＿ ところもあったらしいよ。
ゆい	そうなんだ。よかったね。自分で選んだものじゃないから複雑な気分だと思うけど…。

1 대화문의 빈칸에 들어갈 알맞은 말을 써 봅시다.

① ＿＿＿＿＿＿＿＿＿＿

② ＿＿＿＿＿＿＿＿＿＿

③ ＿＿＿＿＿＿＿＿＿＿

2 대화의 내용에 대한 다음 질문에 답해 봅시다.

① 会社が倒産したことについて、ゆいはどうしてひどいと言っていますか。

＿＿＿＿＿＿＿＿＿＿

② 当日に別の店から着物を借りた人について、ゆいは何と言っていますか。

＿＿＿＿＿＿＿＿＿＿

단어

当日 당일　閉店 폐점　状態 상태　インタビュー 인터뷰, 면접　今頃 지금쯤, 이맘때　向かう 향하다, 가다
かわいそうだ 불쌍하다, 가엾다　呉服店 포목점, 옷가게

회화 마스터

가토와 만나 최근 뉴스에 대해 이야기하는 새리 TRACK 059

セリ あ、加藤(かとう)さん、おはようございます。

加藤(かとう) セリちゃん、おはよう。

セリ なんだかあまり元気(げんき)がないようですけど、お体(からだ)の調子(ちょうし)、悪(わる)いんですか。

加藤(かとう) いや、体(からだ)は元気(げんき)なんだけど、昨日(きのう)ちょっと息子(むすこ)とけんかしちゃってね。

セリ 息子(むすこ)さんって、今(いま)、会社員(かいしゃいん)でしたっけ。

加藤(かとう) そうそう。前(まえ)に話(はな)したっけ？ で、その息子(むすこ)なんだけど、結婚相手(けっこんあいて)はまだいないのかって聞(き)いたのが悪(わる)かったみたい。ニュースで生涯未婚率(しょうがいみこんりつ)が急上昇(きゅうじょうしょう)したって言(い)ってて、今後(こんご)も上昇(じょうしょう)するだろうって聞(き)いたから、ついね。

セリ そうだったんですね。韓国(かんこく)でも結婚離(けっこんばな)れは話題(わだい)になってます。

加藤(かとう) もっと出会(であ)いを求(もと)めるって意味(いみ)でも、婚活(こんかつ)してみたら？って言(い)ってみたんだけど、今(いま)は仕事(しごと)で頭(あたま)がいっぱいみたい。仕事(しごと)に集中(しゅうちゅう)している間(あいだ)にいい人(ひと)はどんどん結婚(けっこん)していっちゃうわよね。あ、愚痴(ぐち)っちゃってごめんね。

セリ いえ、いろいろ大変(たいへん)ですね。

★ 본문 회화를 큰 소리로 읽어 봅시다.

★ 다른 사람과 짝이 되어 함께 말해 봅시다.

단어

なんだか 왠지, 어쩐지 **～っけ** ～(였/했)지?, ～(였/했)나? **生涯** 생애, 일생 **未婚** 미혼 **～率** ～율/률 **急～** 급～ **上昇する** 상승하다
今後 앞으로 **つい** 그만, 무심코 **～離れ** ～에서 멀어짐 **話題** 화제 **出会い** 만남 **求める** 구하다, 찾다 **婚活** 결혼 활동
集中する 집중하다 **愚痴る(＝愚痴をいう)** 푸념하다, 한탄하다

문법 마스터

1 ～だろう ～(이/하)겠지

「～だろう」는 단정을 나타내는 「～だ(ろ)」에 조동사 「～う」가 접속한 형태로 화자의 추측을 나타낸다. 원래 조동사 「～だ」는 체언에만 접속하지만 「～だろう」의 형태가 되면 체언뿐만이 아니라 술어의 종지형에도 사용된다. 회화체에서 「～だろ(う)？」의 형태로 문 말을 올려 물으면 확인을 나타내는 데 주로 남성어에서 사용된다. 여성어의 경우는 「～でしょ(う)」를 사용한다. 또한 「～だろう」의 뒤에 「～と思(おも)う/～と考(かんが)える(~라고 생각하다)」 등을 결합하여 사용하면 자신의 의견이나 추측을 상대방에게 정중하게 전달할 수도 있다.

A 『なぜと問(と)うのはなぜだろう』、この本(ほん)のタイトル、面白(おもしろ)いだろ？
『왜라고 묻는 것은 왜일까?』 이 책 제목 재미있지?

B そうですね。なぜと問(と)うのはなぜでしょうか。すごく気(き)になりますね。
그렇네요. 왜라고 묻는 것은 왜일까요? 아주 궁금하네요.

A 京都(きょうと)はいつ行(い)ってもきれいですが、一番(いちばん)のおすすめは秋(あき)ですね。
교토는 언제 가도 아름답지만 가장 추천하는 때는 가을입니다.

B 紅葉(もみじ)の夜(よる)のライトアップは、さぞ見事(みごと)だろうと思(おも)われます。一度(いちど)、生(なま)で見(み)てみたいです。 밤에 조명을 받은 단풍은 분명 멋지겠죠. 한번 실물로 보고 싶어요.

2 ～ている間(あいだ)(に) ～하는 동안(에)

「～間(あいだ)(に)」는 접속하는 단어의 의미에 따라 '공간, 관계, 시간'을 모두 나타낼 수 있는데, 동사의 「～ている」형에 접속하면 어떤 동작이나 상태가 계속되고 있는 기간을 나타낸다. 이 경우 뒤에 오는 술어는 그 기간 안에 벌어지는 동작이나 사건 등을 나타내는 경우가 많다.

A ゆうべ初雪(はつゆき)が降(ふ)ったようですね。 어젯밤에 첫눈이 내린 모양이네요.

B はい、バスを待(ま)っている間(あいだ)に雪(ゆき)が降(ふ)りだしたんですが、突然(とつぜん)の雪(ゆき)でバスが立(た)ち往生(おうじょう)してしまいました。
네, 버스를 기다리는 동안에 눈이 내리기 시작했는데 갑작스런 눈 때문에 버스가 선 채로 오도가도 못했어요.

A　最近、にきびが増えたんですが、ストレスが原因でしょうか。
요즘에 여드름이 늘어났는데 스트레스가 원인일까요?

B　いろんな原因が考えられますが、まずは睡眠時間をチェックしてみてください。肌は寝ている間に作られますから、十分睡眠をとらないとトラブルが起こりやすいですよ。 여러 가지가 원인으로 생각할 수 있는데, 우선은 수면 시간을 확인해 보세요. 피부는 자는 동안에 만들어지기 때문에 충분히 수면을 취하지 않으면 트러블이 일어나기 쉬워요.

3 ～っけ ～(였/했)지?, ～(였/했)나?

「～っけ」는 정확하게 기억하지 못하는 사실을 상대방이나 자기 자신에게 확인할 때 사용한다. 일반적으로 명사와 な형용사는 「～だ(った)っけ」, い형용사는 「～かったっけ」, 동사는 「～たっけ」의 형태로 사용되며, 「～ですっけ」「～でしたっけ」「～ましたっけ」와 같이 정중체로 사용되는 경우도 있다.

A　単語の書き取りテスト、いつだっけ？ 단어 받아 쓰기 시험 언제였지?

B　あれ、私、言わなかったっけ。明日の予定が来週に延びたよ。
어? 내가 말 안 했나? 내일 예정이었는데 다음 주로 미뤄졌어.

A　麦ご飯ってこんなにおいしかったですっけ？ あんまりおいしくないイメージがありましたけど。 보리밥이 이렇게 맛있었나요? 별로 맛 없는 이미지가 있었는데.

B　年によって食べ物の好みも変わってきますからね。
나이에 따라 음식 취향도 달라지니까요.

단어

問う 묻다, 질문하다　**タイトル** 제목　**気になる** 궁금하다, 신경 쓰이다　**ライトアップ** 라이트 업, 야간 조명　**さぞ** 분명, 틀림없이
見事だ 멋지다, 훌륭하다　**生で** 직접　**初雪** 첫눈　**突然** 돌연, 갑자기　**立ち往生** 오도 가도 못함　**にきび** 여드름　**睡眠** 수면　**肌** 피부
起こる 일어나다, 생기다　**単語** 단어　**書き取り** 받아쓰기　**延びる** 미뤄지다, 연기되다　**麦** 보리　**好み** 취향, 기호

말하기 마스터

다음 문장에서 한국어로 되어 있는 부분을 일본어로 바꾸어 말해 봅시다. TRACK 060

① 写真(しゃしん)を **찍는 동안에** 財布(さいふ)を盗(ぬす)まれたみたいです。

② 電車(でんしゃ)の中(なか)で **잠든 동안에** 財布(さいふ)を盗(ぬす)まれたみたいです。

③ お店(みせ)の外(そと)で **전화를 하는 동안에** 財布(さいふ)を盗(ぬす)まれたみたいです。

밑줄 친 부분의 표현을 바꾸어 말해 봅시다. TRACK 061

人(ひと)が多(おお)くてたくさん待(ま)つ | 本(ほん)

→ 人(ひと)が多(おお)くてたくさん待(ま)つだろうと思(おも)って、本(ほん)を持(も)ってきました。

① 外(そと)で作業(さぎょう)をしたら日(ひ)に焼(や)ける | 日焼(ひや)け止(ど)め

→ ____________________

② 料理(りょうり)が多(おお)くて全部(ぜんぶ)食(た)べ切(き)れない | タッパー

→ ____________________

밑줄 친 부분의 표현을 바꾸어 대화해 봅시다. TRACK 062

キム 来週(らいしゅう)のミーティング、午後(ごご)２時(にじ)からでしたっけ？

佐藤(さとう) あれ、私(わたし)、メールしませんでしたっけ？ 午前(ごぜん)１０時(じゅうじ)からに変(か)わったって。

① 田中(たなか)さんも参加(さんか)予定(よてい)だ | 来週(らいしゅう)は来(こ)られない

② 会議室(かいぎしつ)を予約(よやく)した | 田中(たなか)さんが昨日(きのう)予約(よやく)してくれた

밑줄 친 부분의 표현을 바꾸어 대화해 봅시다. TRACK 063

佐藤　あれ？ 今日って、会議がある日でしたっけ？
キム　あ、そういえば、佐藤さんが出張に行っている間に変更があったんです。連絡を忘れていて、本当に申し訳ありません。
佐藤　分かりました。次からは気をつけてください。

① みんなで飲み会に行く ｜ 風邪で休む

② うちの部署に社長が来る ｜ 別のフロアで作業をする

다음을 참고해서 오늘의 날씨에 대해 「～っけ」와 「～だろう」를 사용해 자유롭게 대화해 봅시다. TRACK 064

キム　あれ、今日って雨の予報でしたっけ？ 私、傘を持ってきませんでした。
佐藤　大丈夫ですよ。ニュースの天気予報では、東京は今日、一日中雨は降らないだろうって言っていましたから。この傘は、おととい雨が降った時に田中さんに借りたものです。返すのを忘れないように、今日持ってきたんです。

단어

日に焼ける 햇볕에 그을리다　**日焼け止め** 자외선 차단제　**食べ切れない** 다 먹을 수 없다　**タッパー** 플라스틱 밀폐 용기　**参加** 참가, 참석
変更 변경　**別の** 다른　**フロア** 층

읽기 마스터

다음 글을 읽고 질문에 답해 봅시다.

アナウンサーの日本語

日本語のニュースを聞いていて、「あれ？ こんなふうに発音するんだっけ？」「よく聞く日本語と違う」「自分の使っている日本語は間違っているのだろうか」と思った人はいませんか。ニュースで使われる日本語について、日本人の間でもよく話題にあがるものに、「じっぷん」と「じゅっぷん」があります。ニュースの中では「じっぷん」が多く使われていますが、日常生活ではほとんど使われないため、どうしてニュースだけで使われているのかと疑問に思う人がいるようです。では、どうしてニュースでは「じっぷん」という発音が使われているのでしょうか。実は、「十」という漢字を辞書で調べると、「じゅう・じっ・とお・と」の四つの発音しかありません。実際、昔は「十分」を「じっぷん」と発音しており、それが現在でも正しい発音の仕方として残っているのです。言葉は時代とともに変わりゆくものです。「じゅっぷん」が日常生活で多く使われている間に正しいとされる発音が変わり、ニュースでも「じゅっぷん」が使われるようになるかもしれません。

① 日本語のニュースを聞いて、どのように思う人がいますか。

□ アナウンサーの発音が正しい　　□ よく聞く日本語だ

□ よく聞く日本語ではない　　□ 自分の日本語は間違っていない

② 「十」の発音について辞書にはどのように書かれていますか。

「十」という漢字を辞書で調べると、＿＿＿＿＿＿＿＿＿＿＿＿。

③ 「じゅっぷん」という発音は今後、どうなるかもしれないと言っていますか。

＿＿＿＿＿＿＿＿＿＿＿＿かもしれません。

단어

こんなふうに 이런 식으로, 이렇게　日常生活 일상생활　疑問 의문

쓰기 마스터

○ 다음 예문과 같이 「～ている間に」와 「～だろう」를 사용해 하루 중 가장 좋아하는 시간에 대해 작문해 봅시다.

> 私は、子供が昼寝をしている間に一人でゆっくりコーヒーを飲む時間が１日の中で一番好きです。子供が起きていてもコーヒーは飲めるだろうと思う人もいるかもしれません。しかし子供が起きている時は子供の行動にずっと注意を払わなくてはいけないので、気が休まりません。

１日の中で一番好きな時間

○ 작문한 내용을 서로 발표해 봅시다.

단어

昼寝 낮잠　注意を払う 주의를 기울이다　気が休まる 마음이 편안해지다

밀본어 표현 즐기기

「~だろう」와 「~かもしれない」의 차이

가능성을 나타내는 추측 표현으로 「~だろう」와 「~かもしれない」가 있는데, 「~だろう」가 「~かもしれない」에 비해 화자의 주관성이 강하며 서술되는 내용을 진실이라고 믿는 정도가 높다. 두 표현 사이에는 문법적인 면에서도 다음과 같은 차이가 있다.

① 의문문의 가능 여부

「~だろう」는 의문문의 형태로 상대방에게 확인할 수 있지만 「~かもしれない」는 확인할 수 없다.

내일 그는 올까?

○ **明日彼は来るだろうか？**

× **明日彼は来るかもしれないか？**

② 「~と思う」의 접속 여부

「~だろう」는 「~と思う」 등을 접속할 수 있지만 「~かもしれない」는 인용문을 제외하고는 「~と思う」와 접속하지 않는다.

그는 올 거라고 생각해.

○ **彼は来るだろうと思う。**

? **彼は来るかもしれないと思う。**

A　**言葉が通じない国を旅行するのはどうなんだろうと思ったけど、身振り手振りでなんとかなりました。**

말이 통하지 않는 나라를 여행하는 것은 어떨까 라고 생각했는데, 손짓 발짓으로 어떻게든 됐어요.

B　**それはよかったですね。とにかく何でもいいから、伝えたい言葉を伝えることが一番重要かもしれませんね。**

그거 다행이네요. 어쨌든 뭐든 좋으니까 전하고 싶은 말을 전하는 것이 가장 중요한 지도 모르겠네요.

단어

身振り手振り 손짓 발짓　**なんとか** 어떻게든, 그럭저럭　**とにかく** 어쨌든

8

悩(なや)みの相談(そうだん)

학습 목표

1 ~ば~ほど ~하면 ~할수록
2 ~てほしい ~했으면 한다
3 ~なんて ~하다니

회화 워밍업

○ 그림을 보면서 들어 봅시다. TRACK 065

○ 다음 단어를 참고해서 기운이 없는 이유를 말해 봅시다. TRACK 066

友達とけんかをしました・2週間ずっと話をしていません
テスト勉強で3日間徹夜をしています・とても眠いです
週末、朝から晩までアルバイトをしています・疲れています
先週、寒い日に薄着で出かけました・風邪気味です
成績のことで親に怒られました・落ち込んでいます

田中 最近、元気ありませんね。どうしたんですか。

パク 実は、＿＿＿＿＿＿＿＿せいで、＿＿＿＿＿＿＿＿＿＿んです。

단어

騒ぐ 소란하게 굴다, 소동을 피우다 **寝不足** 수면 부족, 잠을 못 잠 **徹夜** 철야, 밤을 샘 **薄着** 얇은 옷 **気味** 기색, 기미 **成績** 성적 **落ち込む** 침울해지다

대화를 잘 듣고 아래 질문에 답해 봅시다. TRACK 067

ゆい　どうしたの？ 最近、元気なくない？

たける　うん、ちょっとね。このところ、就活のせいで、夜全然眠れないんだ。

ゆい　就活？ ＿＿①＿＿。何かあったの？

たける　うん。先週、一緒に就職説明会行ったよね。その時から、自分が本当にしたい仕事って何だろう、＿＿②＿＿、って悩んじゃって…。

ゆい　そうだったんだ。確かに、将来について考えると、不安になるよね。

たける　ゆいは ＿＿③＿＿？

ゆい　う～ん、実はまだ悩んでるんだ。もっと説明会に参加して、いろんな企業の話を聞いてから決めようかなって思ってて。

1 대화문의 빈칸에 들어갈 알맞은 말을 써 봅시다.

① ＿＿＿＿＿＿＿＿

② ＿＿＿＿＿＿＿＿

③ ＿＿＿＿＿＿＿＿

2 대화의 내용에 대한 다음 질문에 답해 봅시다.

① たけるはどうして最近元気がありませんか。

＿＿＿＿＿＿＿＿

② ゆいが行きたい会社をまだ決めていないのはどうしてですか。

＿＿＿＿＿＿＿＿

단어

このところ 요즘, 최근　就活 구직 활동, 취업 활동　相談に乗る 상담에 응하다, 상담해주다　不安 불안, 불안함　企業 기업

회화 마스터

나오토에게 입사지원서에 대한 조언을 듣는 새리 TRACK 068

セリ 私、日本の商社で働きたいなって考えてるんですけど、今エントリーシートの内容で悩んでいて。英語は少し得意ですけど、ほかに何をアピールしたらいいのか分からなくて。
やっぱり、何か資格を新たに取ったほうがいいでしょうか。

直人 う～ん。特に日本の就活は、スペックとか持ってる資格自体をアピールするものじゃないからね。まずは自己分析をして、自分の長所や短所、学生時代に頑張ったこととかを整理してみるのが大切だと思うよ。自分のことを自分でよく把握していないのにアピールするなんて、無理でしょ。

セリ 自己分析ですか。スペックのことだけ考えていて、それについてはあまり考えていませんでした。

直人 業界研究とか企業研究をする時も、自己分析が重要だよ。
「自分」と「志望する企業や業界」の関係性まで説明しないといけないからね。

セリ 先輩の話を聞けば聞くほど、自己分析の大切さを痛感します。

直人 実は俺も初めは自己分析をちゃんとしてなくて、かなり苦労したんだ。修正したエントリーシート、チェックしてほしかったらまた連絡して。

★ 본문 회화를 큰 소리로 읽어 봅시다.

★ 다른 사람과 짝이 되어 함께 말해 봅시다.

단어

商社 무역회사 **エントリーシート** 입사지원서 **内容** 내용 **アピール** 어필, 호소 **新たに** 새로, 새로이 **資格** 자격 **スペック** 스펙, 조건 **自体** 자체 **自己** 자기 **分析** 분석 **長所** 장점 **短所** 단점 **整理する** 정리하다 **把握する** 파악하다 **業界** 업계 **研究** 연구 **～とか** ~나, ~라든지 **志望する** 지망하다 **関係性** 관계성 **痛感する** 통감하다 **苦労する** 고생하다 **修正する** 수정하다

문법 마스터

1 ～ば～ほど ～하면 ～할수록

「～ば～ほど」는 같은 단어를 두 번 반복하여 동작이나 상태가 진행될수록 그에 비례해서 다른 일도 변화한다는 의미를 나타낸다. 앞에는 가정형 「～ば」 활용을 하고 뒤에 있는 「～ほど」는 사전형에 접속한다. い형용사는 「～ければ～ほど」가 되고, 명사나 な형용사의 경우는 「～であればあるほど」의 형태가 된다.

A 携帯電話は新しければ新しいほど、機能が多すぎて使いにくいですね。
휴대전화는 새로우면 새로울수록 기능이 너무 많아서 사용하기 불편해요.

B そうですね。便利であればあるほど、知識がなければうまく使いこなせないですね。 맞아요. 편리하면 할수록 지식이 없으면 제대로 사용할 수 없어요.

A 食べれば食べるほどもっと食べたくなるものってありますか。
먹으면 먹을수록 더 먹고 싶어지는 게 있나요?

B はい、私の場合はポップコーンです。中でもキャラメル味のポップコーンは一度手をつけたらやめられません。甘ければ甘いほど好きなんです。
네, 제 경우에는 팝콘이요. 그 중에서도 캐러멜 맛 팝콘은 한 번 손을 대면 멈출 수 없어요. 달면 달수록 좋아요.

2 ～てほしい ～했으면 한다

「～てほしい」는 다른 사람에게 화자의 희망이나 직접적인 요구를 전달할 때 사용한다. 상대방에게 어떤 것을 해 주기를 바라거나 어떤 상태로 있어 주기를 바라는 의미가 강하기 때문에 주로 가까운 사이에서 사용한다. 「～てほしいんですが」「～てほしいんだけど」의 형태로 사용되는 경우가 많다.

A 路上での喫煙も禁止になって、たばこを吸えるところが自宅以外にほぼなくなってしまいました。 길거리 흡연도 금지 되어서 담배를 피울 수 있는 곳이 집 이외에는 거의 없어졌어요.

B でも、たばこはやめてほしいです。タバコは「百害あって一利なし」の存在ですよ。 하지만 담배는 끊어 줬으면 해요. 담배는 "백해무익"한 존재에요.

A おととい山頂(さんちょう)付近(ふきん)で行方不明(ゆくえふめい)になった人(ひと)が、まだ見(み)つからないそうですね。
그저께 산 정상 부근에서 행방불명된 사람이 아직 발견되지 않았다고 해요.

B どうか無事(ぶじ)でい**てほしい**ですね。 부디 무사히 있어 줬으면 좋겠네요.

3 ～なんて ～하다니

「～なんて」는 어떤 내용을 주제로 삼아 그 내용에 대하여 놀람이나 경시의 뉘앙스를 나타내는 표현이다. 따라서 「ひどい(심하다), うらやましい(부럽다), びっくりする(놀라다)」 등의 평가를 나타내는 말과 함께 쓰이는 경우가 많다.

A 日本(にほん)の映画(えいが)は漫画原作(まんがげんさく)のものが多(おお)いですが、僕(ぼく)の大好(だいす)きなこの漫画(まんが)もついに映画化(えいがか)が決定(けってい)したようです。
일본 영화는 만화가 원작인 것이 많은데, 제가 가장 좋아하는 이 만화도 드디어 영화화가 결정되었다고 해요.

B アニメ化(か)でも嬉(うれ)しかったのに、映画化(えいがか)される**なんて**最高(さいこう)ですね。
애니메이션화여도 기뻤는데 영화화되다니 최고네요.

A 佐藤(さとう)さんが本人(ほんにん)の前(まえ)であんなこと言(い)う**なんて**、信(しん)じられません！
사토 씨가 당사자 앞에서 그런 말을 하다니 믿을 수 없어요!

B 本当(ほんとう)ですね。「親(した)しき仲(なか)にも礼儀(れいぎ)あり」って言(い)いますよね。
정말이요. "친할수록 예의를 지켜라"라고 하잖아요.

단어

機能 기능 **知識** 지식 **使いこなす** 잘 다루다, 잘 쓰다 **ポップコーン** 팝콘 **中でも** 그 중에서도, 특히 **キャラメル** 캐러멜 **手をつける** 손을 대다, 해보다 **路上** 노상, 길위 **喫煙** 흡연 **禁止** 금지 **ほぼ** 거의, 대부분 **百害あって一利なし** 백해무익 **存在** 존재 **山頂** 산 정상, 산꼭대기 **付近** 부근 **行方不明** 행방불명 **どうか** 제발, 부디 **無事だ** 무사하다, 평온하다 **漫画** 만화 **原作** 원작 **ついに** 드디어, 마침내 **映画化** 영화화 **決定する** 결정되다 **最高だ** 최고다 **信じる** 믿다, 신뢰하다 **親しき仲にも礼儀あり** 친할수록 예의를 지켜라

말하기 마스터

다음 문장에서 한국어로 되어 있는 부분을 일본어로 바꾸어 말해 봅시다. TRACK 069

① 大声(おおごえ)で 화를 내다니、いつもの田中(たなか)さんらしくなかったね。

② みんなの前(まえ)で 울다니、いつもの田中(たなか)さんらしくなかったね。

③ 緊張(きんちょう)で何(なに)も 얘기하지 못 하다니、いつもの田中(たなか)さんらしくなかったね。

밑줄 친 부분의 표현을 바꾸어 말해 봅시다. TRACK 070

聞(き)く → その商品(しょうひん)、聞(き)けば聞(き)くほどもっと欲(ほ)しくなりますね。

① 見(み)る

→ ______________________

② 考(かんが)える

→ ______________________

밑줄 친 부분의 표현을 바꾸어 대화해 봅시다. TRACK 071

キム あの、もしよかったら、私(わたし)の日本語(にほんご)を見(み)てほしいんですけど…。
今日(きょう)の午後(ごご)、時間(じかん)ありますか。

佐藤(さとう) はい、いいですよ。

① 一緒(いっしょ)にアイデアを考(かんが)える

② アンケートに答(こた)える

밑줄 친 부분의 표현을 바꾸어 대화해 봅시다. TRACK 072

佐藤　趣味が陶芸だったなんて、知りませんでした。

キム　実力はまだまだですが、やればやるほど上手になるので、楽しいですよ。

佐藤　いいですね。今度、時間がある時でいいので、おすすめの教室を教えてほしいです。

キム　もちろんです！

① こんなに料理が上手だ ｜ 手間をかける ｜ おいしくなる ｜ 何か料理を作る

② よくマラソン大会に出場している ｜ 走る ｜ いいタイムが出る ｜ 私の走るフォームをチェックする

다음을 참고해서 최근에 놀란 일에 대해 「～なんて」와 「～てほしい」를 사용해 자유롭게 대화해 봅시다. TRACK 073

はるか　ここの焼肉屋、キャンペーンの時はこんなに安くなるなんて、本当にびっくり。

りょうた　いつもの値段だと高いから来られないけど、この値段でこのおいしさならまた来たいね。またキャンペーンをするなら、時期を教えてほしいなぁ。

はるか　このアプリに登録したら教えてもらえるみたいだよ。さっそく登録しておこう！

단어

大声 큰 소리　アイデア 아이디어　アンケート 앙케트, 설문조사　陶芸 도예, 도자기 공예　実力 실력　手間をかける 품을 들이다　大会 대회　出場する 출장하다, 출전하다　タイム 시간, 기록　フォーム 폼, 자세　焼肉屋 불고기집　キャンペーン 광고, 선전　時期 시기　アプリ 앱, 어플리케이션　登録する 등록하다　さっそく 얼른, 바로, 즉시

읽기 마스터

○ 다음 글을 읽고 질문에 답해 봅시다.

悩み事は朝にしよう

ほとんどの人は、一人でいる時間、特に寝る前などに悩み事をすることが多いのではないでしょうか。タイトルを見て、朝に悩み事をするなんて、一日中暗い気持ちになってしまうじゃないかと思った人もいるかもしれません。夜ではなく朝に悩み事をしたほうがいい理由は二つあります。一つ目は、夜に悩み事をすると、よりネガティブな気持ちになってしまうからです。夜は一日の最後、一日の活動で体も頭も疲れています。そのような状態だと、悩み事について考えれば考えるほど、どんどんネガティブな気持ちになってしまい、よい解決策が浮かばないでしょう。二つ目は朝に悩み事をすると、限られた時間の中で考えることができるからです。朝という時間は、通学や出勤で忙しい時間でもあります。限られた時間の中で結論や解決策を探し出そうとするので、だらだらと考えをめぐらす暇はありません。また、終わりの時間を設けることで、効率的に、そして論理的に思考することができます。みなさんの周りに悩んでいる人がいたら、朝に悩み事をするメリットを是非教えてあげてほしいと思います。

① ほとんどの人はいつ悩み事をすると言っていますか。

- □ 寝る前などの一人でいる時間
- □ 友達と会っている時間
- □ 家族に話せる食事の時間
- □ 通学や出勤の忙しい時間

② 夜に悩み事をすると、どうしてよい解決策が浮かばないと言っていますか。

悩み事について＿＿＿＿＿＿＿＿＿＿＿＿＿＿＿＿＿＿からです。

③ まわりに悩んでいる人がいたらどうしてほしいと言っていますか。

＿＿＿＿＿＿＿＿＿＿＿＿＿＿＿＿＿＿＿＿＿＿と言っています。

단어

悩み事 고민, 고민거리　**ネガティブな** 부정적인　**解決策** 해결책　**浮ぶ** 떠오르다　**通学** 통학　**出勤** 출근　**結論** 결론　**探し出す** 찾아내다　**だらだら** 질질　**めぐらす** 이리 저리 생각하다　**設ける** 마련하다　**効率的** 효율적　**論理的** 논리적　**思考する** 사고하다, 생각하다　**メリット** 장점, 이점, 득　**是非** 꼭, 반드시

쓰기 마스터

○ 다음 예문과 같이 「～ば～ほど」와 「～てほしい」를 사용해 기분 전환 방법에 대해 작문해 봅시다.

> 休みの期間が長ければ長いほど、休みが終わった時の残念な気持ちが大きいと感じる人もいます。私も少し前までは、長い休みの終わりには「もっと休みの期間を延ばしてほしい」と考えて、暗い気持ちになっていました。しかし最近は、長く休めたことへの満足感に気持ちを集中させることで、休みの最終日まで明るい気持ちが保てています。

気持ちの切り替え方

○ 작문한 내용을 서로 발표해 봅시다.

단어

延ばす 연기하다, 연장하다 **満足感** 만족감 **最終日** 마지막 날 **切り替え** (새것으로) 바꿈, 교체

밀본어 표현 즐기기

「～ないでほしい」와 「～てほしくない」의 차이

「～てほしい」의 부정형은 「～ないでほしい」와 「～てほしくない」의 2가지 형태가 있다. 「～ないでほしい」는 「～しないでください」와 비슷하게 '~하지 말아 달라'고 의뢰하는 경우에 사용된다.

私を覚えていてほしい。いつまでも私を忘れないでほしい。

나를 기억해 줬으면 해. 언제까지나 나를 잊지 않아 줬으면 해.

「～てほしくない」는 청자에 대해 직접적으로 무엇인가를 요구하기보다는 단순하게 화자의 희망이나 바람을 서술할 때, 또는 완곡하게 청자에 대한 비난을 나타낼 때 사용된다. 이 경우 희망이나 바람의 대상을 조사 「に」로 나타내는 경우가 많다.

親世代が子供になってほしくない職業の１位はYouTuberでした。

부모 세대가 아이가 되길 바라지 않는 직업 1위는 유투버였습니다.

君にまで、そんなことを言ってほしくないね。

너까지 그런 말 하지 말았으면 좋겠어.

A　恋人とけんかした時、「一番言ってほしくない言葉」って何ですか。 연인이랑 싸웠을 때 '가장 하지 말았으면 하는 말'이란 뭔가요?

B　そうですね。「もう別れよう」という言葉です。どんなにけんかしても、この言葉は軽はずみに言わないでほしいですね。

글쎄요. '이제 헤어지자'라는 말이요. 아무리 싸워도 이 말은 경솔하게 하지 말았으면 하네요.

단어

親世代 부모 세대　**職業** 직업　**軽はずみ** 경솔함

9

大学時代(だいがくじだい)の思(おも)い出(で)

학습 목표

1 ~ようになる ~하게 되다
2 ~ようにする ~하게 하다, ~하도록 하다
3 종조사 な

회화 워밍업

그림을 보면서 들어 봅시다. TRACK 074

다음 단어를 참고해서 대학 생활 중 경험한 일에 대해 대화해 봅시다. TRACK 075

サークルのダンス大会の映像を編集しました・上手です
学園祭の写真をＳＮＳにアップしました・おいしそうな料理です
旅行で泊まるホテルをいくつか選びました・どのホテルもインテリアが素敵です
課題で描いた絵をアルバムにしました・繊細な色合いの絵です
卒業パーティーの計画を立てました・楽しみです

パク　今、＿＿＿＿＿＿＿＿＿＿＿＿＿＿＿＿＿ところなんですが、
　　　ちょっと見てみませんか。

田中　はい、是非。わ～、＿＿＿＿＿＿＿＿＿＿＿＿＿＿＿＿＿ね！

단어

映像 영상　編集する 편집하다　学園祭 학교 축제　アップする 업로드하다, 올리다　インテリア 인테리어, 실내장식　素敵だ 멋지다
アルバム 앨범, 사진첩　繊細だ 섬세하다　色合い 색조

대화를 잘 듣고 아래 질문에 답해 봅시다. TRACK 076

ゆい　ねえ、先月(せんげつ)のサークル旅行(りょこう)の写真(しゃしん)、整理(せいり)し終(お)わった？ 早(はや)く見(み)たいんだけど。

たける　終(お)わったよ。ちょうど昨日(きのう)、サークルのブログに＿＿①＿＿。

ゆい　わぁ！ さっそく見(み)てみる！ あれ？ 団体(だんたい)で撮(と)った写真(しゃしん)しかないよ。

たける　え？ 全部(ぜんぶ)アップしたはずだから、よく探(さが)してみてよ。
個人写真(こじんしゃしん)の＿＿②＿＿。

ゆい　あ、あった！ たくさん撮(と)ったね。これ、編集(へんしゅう)するの大変(たいへん)だったでしょ。

たける　うん、すごく。こんな＿＿③＿＿って怒(おこ)られそうだから、一枚一枚(いちまいいちまい)選(えら)んでアップしなきゃいけなかったし、3時間(さんじかん)もかかったよ。

ゆい　ちょっと！ この写真(しゃしん)に写(うつ)ってる私(わたし)の顔(かお)、目(め)つぶってて変(へん)なんだけど。

1　대화문의 빈칸에 들어갈 알맞은 말을 써 봅시다.

① ＿＿＿＿＿＿＿＿＿＿

② ＿＿＿＿＿＿＿＿＿＿

③ ＿＿＿＿＿＿＿＿＿＿

2　대화의 내용에 대한 다음 질문에 답해 봅시다.

① ゆいがサークルのブログを最初(さいしょ)に見(み)た時(とき)、何(なに)しかないと言(い)いましたか。

＿＿＿＿＿＿＿＿＿＿

② たけるはどうして3時間(さんじかん)もかかったと言(い)いましたか。

＿＿＿＿＿＿＿＿＿＿

단어

ブログ 블로그　**団体** 단체　**カテゴリー** 카테고리, 분류　**載せる** 올리다, 싣다, 게재하다　**写る** 찍히다　**つぶる** (눈을) 감다

회화 마스터

대학 시절 추억에 대해 이야기하는 새리와 아이 TRACK 077

セリ 今、エントリーシートで「学生時代に打ち込んだこと」を書いているんですが、愛さんは大学生の時、何が一番楽しかったですか。

愛 う～ん、やっぱり旅行かな。アルバイトでお金をためて、いろいろ行ったな。

セリ 旅行を通して、何か変わりましたか。

愛 う～ん…。初対面の人とも気軽に話せるようになったかな。

セリ え、昔は社交的な性格じゃなかったんですか。

愛 うん、高校生の時まではクラスメートに対しても緊張しちゃって、親友以外とはあまり話さないようにしてた気がする。

セリ そうなんですか。今の愛さんからは、全然想像できませんね。

愛 ははは。一人旅も何回かして、自信がついたってことも影響してるかも。あと、海外で道に迷ってた時に現地の人に親切にしてもらったことがあって。あれ以来、外国の人と話すのが恐くなくなったんだ。それからは旅先でも自分から話しかけるようにしたんだけど、観光客の少ない名所を教えてもらったりしてね。本当に楽しかったな。

★ 본문 회화를 큰 소리로 읽어 봅시다.

★ 다른 사람과 짝이 되어 함께 말해 봅시다.

단어

打ち込む 열중하다, 몰두하다 **初対面** 첫 대면, 첫만남 **社交的な** 사교적인 **クラスメート** 동급생, 반 친구 **親友** 친한 친구 **想像** 상상 **自信がつく** 자신이 생기다 **影響する** 영향을 끼치다 **道に迷う** 길을 헤매다 **現地** 현지 **旅先** 여행지 **名所** 명소

문법 마스터

1 ~ようになる ~하게 되다

「~ようになる」는 상황의 변화를 나타낸다. 긍정 표현에서는 주로 자동사나 가능의 의미를 가진 동사의 사전형에 접속하여 불가능한 상태로부터 가능한 상태로, 또는 미실행의 상태로부터 실행 가능한 상태로 변화했음을 나타낸다. 반대로 부정 표현에서는 동사의 「ない」형에 접속하여 실행하지 않는 상태로 변화되었음을 나타낸다.

A　お子さん、大きくなりましたね。 아드님 많이 컸네요.

B　半分はこぼしてるんじゃないかという感じですけど、何とか一人で食べられるようになりました。 절반은 흘리지만 어떻게든 혼자서 밥을 먹을 수 있게 되었어요.

A　携帯電話の操作音を消したいんですが。 휴대전화 조작음을 없애고 싶은데요.

B　それなら簡単ですよ。設定の「サウンド」で「キーボードのクリック」を「オフ」に切り替えると、操作音は鳴らないようになります。
그거라면 간단해요. 설정의 "사운드"에서 "키보드 클릭"을 "오프"로 바꾸면 조작음이 울리지 않게 돼요.

2 ~ようにする ~하게 하다, ~하도록 하다

「~ようにする」는 어떤 상황이 변하도록 노력한다는 의미를 갖고 있으며 「~ように」와 마찬가지로 동사의 사전형 또는 「ない」형에 결합한다.「~ようにしている」는 「~ようにする」에 「ている」를 접속한 형태로 앞에 오는 동사가 서술하는 내용을 습관적으로 하고 있다는 의미를 나타내고 있다.

A　近頃ちょっと遠くがぼやけたり、夕方になると物が見づらくなったりするんですが。 요즘 먼 곳이 좀 부옇게 보이거나 저녁이 되면 사물이 잘 안보이거나 하는데요.

B　それって「スマホ老眼」かもしれませんよ。作業中ちょっと休憩し、遠くを眺めたりして、目を休めるようにするといいと思います。
그거 "스마트폰 노안"일지도 몰라요. 작업 중에 잠시 휴식을 취하고 먼 곳을 보거나 해서 눈을 쉴 수 있게 하면 좋다고 생각해요.

A　健康診断(けんこうしんだん)で「血圧(けつあつ)が高(たか)い」と言(い)われて以来(いらい)、私(わたし)は食事(しょくじ)や運動(うんどう)で体重(たいじゅう)を減(へ)らし、悩(なや)みや疲(つか)れもためないようにしています。 건강진단에서 "혈압이 높다"고 들은 이래로 저는 식사나 운동으로 체중을 줄이고 고민이나 피로도 쌓아두지 않도록 하고 있습니다.

B　生活習慣病(せいかつしゅうかんびょう)は治療(ちりょう)より予防(よぼう)が大切(たいせつ)ですね。 생활습관병은 치료보다 예방이 중요하지요.

3 종조사 な

「〜な」는 문 말에 사용되는 종조사로 감탄이나 영탄을 나타낸다. 「〜なあ」와 같이 길게 발음되는 경우도 있다.

A　すばらしい景色(けしき)だな。 경치가 멋지네.

B　ここはとても有名(ゆうめい)なところなんです。ここからの景色(けしき)がとてもすばらしくて、最近(さいきん)では数多(かずおお)くのガイドブックにも取(と)り上(あ)げられているし、広告(こうこく)の撮影(さつえい)も行(おこな)われたんですよ。 여기는 아주 유명한 곳이에요. 여기서 보는 경치가 아주 훌륭해서, 최근에는 수많은 가이드북에서도 다루고 있고 광고 촬영도 했어요.

A　このシューズ、最近(さいきん)すごく流行(はや)っているよね。でも、値札(ねふだ)見て！デザインは普通(ふつう)なのに、けっこう高(たか)いよ。
이 신발 최근에 아주 유행이지? 하지만 가격표 좀 봐! 디자인은 평범한데 꽤 비싸.

B　でも、これ、履(は)き心地(ごこち)いいな。高(たか)くても買(か)いたい。
그래도 이거 착화감이 좋네. 비싸도 사고 싶어.

단어

お子さん 자녀분　**こぼす** 흘리다　**操作音** 조작음　**設定** 설정　**サウンド** 소리　**キーボード** 키보드, 자판　**クリック** 클릭, 누름, 선택함　**切り替える** (새것으로) 바꾸다, 교체하다　**近頃** 요즘, 근래　**ぼやける** 희미해지다, 부예지다　**老眼** 노안　**休憩する** 쉬다, 휴식하다　**眺める** 바라보다, 응시하다　**休める** 쉬게 하다, 휴식시키다　**血圧** 혈압　**体重** 체중　**減らす** 줄이다　**生活習慣病** 생활습관병　**治療** 치료　**予防** 예방　**数多くの** 수많은　**ガイドブック** 가이드북, 안내서　**取り上げる** 다루다　**広告** 광고　**撮影** 촬영　**流行る** 유행하다　**値札** 가격표　**デザイン** 디자인　**履き心地** 착용감, 착화감

말하기 마스터

다음 문장에서 한국어로 되어 있는 부분을 일본어로 바꾸어 말해 봅시다. TRACK 078

① 昔はよく、遅刻をして先生に **혼났었지**。

② 昔はよく、風邪をひいて、何日も **잠을 잤었지**。

③ 昔はよく、友達と朝までゲームを **계속 했었지**。

밑줄 친 부분의 표현을 바꾸어 말해 봅시다. TRACK 079

> 自分で靴を脱ぐ
> → 子供が**自分で靴を脱げる**ようになりました。

① スプーンを使って一人で食べる

→ ______________________________

② おとなしく座って食事をする

→ ______________________________

밑줄 친 부분의 표현을 바꾸어 대화해 봅시다. TRACK 080

> **佐藤**　健康のために、最近、**野菜や魚を食べる**ようにしているんです。
> **キム**　そうなんですね。私も最近、**朝食を抜かない**ようにしています。

① お酒を飲まない日を作る | お酒を飲みすぎる

② お風呂でしっかり疲れをとる | ストレスをためる

밑줄 친 부분의 표현을 바꾸어 대화해 봅시다. TRACK 081

母　前は旅行をしてもあまりお金を使わないようにしていたのに、変わったわね。
私　そりゃあ、まあ、大学生の頃とは違うよ。
母　就職してからは、前よりお金がかけられるようになったってわけね。
私　いや～私も成長したな。

① よく約束の時間に遅れる ｜ 自分のスケジュールをちゃんと管理する

② 料理をする時にけっこう時間がかかる ｜ 自炊を始めて短時間でもおいしい料理を作る

다음을 참고해서 최근에 신경 쓰고 있는 일에 대해 「～ないようにする」와 「～ようになる」를 사용해 자유롭게 대화해 봅시다. TRACK 082

キム　最近、デパートに行かないんですね。
佐藤　はい。先月買い物でお金を使いすぎたので、今月はデパートに行かないようにしているんです。素敵なものを見ると買いたくなりますから。衝動的に買いたくなる気持ちを自分で抑えられるようになるまでは、意識して我慢しなくちゃいけませんね。

단어

寝込む 푹 잠들다, 깊이 잠들다　**おとなしい** 의젓하다, 얌전하다　**抜く** 거르다, 생략하다　**金をかける** 돈을 들이다　**管理する** 관리하다
自炊 자취　**短時間** 짧은 시간　**衝動的** 충동적　**抑える** 억제하다, 억압하다　**意識する** 의식하다　**我慢する** 참다

읽기 마스터

다음 글을 읽고 질문에 답해 봅시다.

学生時代に打ち込んだこと

「学生時代に打ち込んだこと」という質問がエントリーシートでよく出される理由は、以下の三つのことを通してその人の性格や価値観を知ることができるからです。まず、「なぜ・どうして頑張ったのか」という記述を通して、応募者が何を重要と考えているかという価値観を知ることができます。次に、「どのようにしてそれに打ち込んだのか」という記述を通して、応募者が問題に直面した際に取る対策や工夫、そして、問題に突き当たった時の行動力を垣間見ることができます。最後に、「力を入れたことで得られたもの」についての記述から、応募者が得られた成果をどのように捉えたかが分かります。実際にエントリーシートを書く時は、「サークル活動が面白かったな」などと漠然とした内容を取り上げるのではなく、上記の三つのことを意識するようにしてください。書けば書くほどよくなるのがエントリーシートです。何度も書く練習をすれば納得のいくものが書けるようになります。

① エントリーシートに「学生時代に打ち込んだこと」という質問がよく出される理由として、正しいものを選んでください。

☐ 応募者のほとんどが大学生だから　☐ 性格や価値観を知ることができるから

☐ 書くのが易しい内容だから　☐ どんな趣味持っているのか知りたいから

② 「なぜ・どうして頑張ったのか」という記述を通して何が分かると言っていますか。

＿＿＿＿＿＿＿＿＿＿＿＿＿＿＿＿という価値観が分かります。

③ エントリーシートは書く練習によってどうなると言っていますか。

＿＿＿＿＿＿＿＿＿＿＿＿＿＿＿＿＿＿＿＿＿＿＿＿。

단어

価値観 가치관　**記述** 기술　**応募者** 응모자, 응시자　**直面する** 직면하다　**対策** 대책　**工夫** 궁리함, 고안함　**突き当たる** 부딪치다, 충돌하다　**行動力** 행동력　**垣間見る** 엿보다　**力を入れる** 힘을 쏟다, 노력하다　**捉える** 파악하다, 받아들이다　**漠然** 막연함　**上記** 상기, 앞에서 언급함　**納得** 납득

쓰기 마스터

◯ 다음 예문과 같이「~ようになる」와 「~ようにする」를 사용해 극복해낸 일에 대해 작문해 봅시다.

> 昔はよく人前でスピーチなどをする時、緊張して頭が真っ白になってしまうことがありました。そこで「私のスピーチを、誰もそれほど真剣に聞いていないのだから、ミスしても大丈夫だ」と思うようにしました。そのように意識したおかげで、最近はたくさんの人がいる前でも、ほとんど緊張せずにスピーチができるようになりました。

克服したこと

◯ 작문한 내용을 서로 발표해 봅시다.

단어

人前 남 앞, 사람들 앞　真剣だ 진지하다　克服する 극복하다

일본어 표현 즐기기

종조사「~な」의 의미와 용법

종조사란 문 말에 쓰여 희망, 금지, 감탄, 감동, 강조 등의 의미를 나타내는 조사를 말한다.「~な」의 경우는 다음과 같이 다양한 용법과 의미를 갖고 있으므로 문맥에 따라 무슨 뜻인지 이해할 필요가 있다.

① 금지

동사의 기본형에 접속하여 금지의 의미를 나타낸다. 강한 명령 표현으로, 정중한 표현이 아니니 사용에 주의하자.

誰にも話すな。 아무한테도 말하지마.

② 감동, 감탄

주로 감정이나 평가를 나타내는 단어 뒤에 사용되어 감동을 나타낸다.

ああ、きれいな月だなぁ。 아, 아름다운 달이구나.

③ 정보 확인

보통체에서 상대방에게 정보를 확인하거나 동의를 구하는 경우에도 사용한다.

それは間違いないな。 그건 틀림없겠지.

④ 의문 표시

「~か」와 함께 사용되어 가벼운 의문을 나타낸다.

おや、間違えたかな。 어라, 틀렸나?

간혹「今日は暑いですな(あ)」와 같이「~な」가 정중체와 함께 사용되는 경우도 있는데, 이러한 용법은 주로 남성어에서 많이 사용된다.

A **僕から謝るなんて、嫌だ。ひろし君が先に謝ってくれたらいいな。** 내가 먼저 사과하라니, 싫어. 히로시가 먼저 사과해주면 좋겠는데.

B **甘えたこと言うな。自分から先に謝らないと。分かったな？** 철없는 소리 하지 마. 네가 먼저 사과해야지. 알았지?

단어

先に 먼저, 앞서 **甘える** 어리광 부리다, 철없이 굴다

10

合同説明会に行く準備

학습 목표

1 ~ことにしている ~하도록 하고 있다
2 타동사 + てある ~되어 있다, ~해 두다
3 ~に関して ~와/과 관련해, ~에 대해

회화 워밍업

그림을 보면서 들어 봅시다. TRACK 083

다음 단어를 참고해서 노래방에서 해도 되는 일과 하면 안 되는 일에 대해 말해 봅시다. TRACK 084

脱ぎにくい服を着る(×)・カーディガンなどの脱ぎやすい服を着る(○)
いい服が残っていない最終日に行く(×)・バーゲン初日に行く(○)
いつもあまり着ない服で出かける(×)・普段よく着る服で出かける(○)
見た目でサイズを判断する(×)・試着してサイズが合っているか確認する(○)
値引率の高さに浮かれる(×)・本当に必要なものかどうか考えてから買う(○)

田中 明日バーゲンセールに行く予定なんですが、何か気をつけることがありますか。

パク ＿＿＿＿＿＿＿＿ないで、＿＿＿＿＿＿＿＿たほうがいいと思いますよ。

단어

バーゲンセール 바겐세일, 염가 판매 **カーディガン** 카디건 **初日** 첫날 **判断する** 판단하다 **試着する** 입어보다 **値引** 할인
浮かれる 들뜨다, 신이 나다

대화를 잘 듣고 아래 질문에 답해 봅시다. TRACK 085

たける	とうとう今週の金曜日に面接だよ。緊張するな。
ゆい	話す内容がもちろん一番大切だけど、服装も最低限、気をつけないとね。
たける	会社説明会の時はネイビーのネクタイで行ったんだけど、ネイビーは無難すぎるかな？ ネイビーでも柄が大きければ目立っていいかな？
ゆい	大きい柄のある＿＿①＿＿、小さい柄かストライプとかがいいと思うよ。
たける	そうか。じゃあ、＿＿②＿＿赤はどう？
ゆい	う～ん、赤は少し派手かもしれない。 暗い赤ならいいかもね。ネクタイもそうだけど、ワイシャツやスーツにしわがないか確認するのを＿＿③＿＿。

1 대화문의 빈칸에 들어갈 알맞은 말을 써 봅시다.

① ＿＿＿＿＿＿＿＿＿＿

② ＿＿＿＿＿＿＿＿＿＿

③ ＿＿＿＿＿＿＿＿＿＿

2 대화의 내용에 대한 다음 질문에 답해 봅시다.

① ゆいは、面接では何が一番大切だと言っていますか。

＿＿＿＿＿＿＿＿＿＿

② ゆいが赤色のネクタイをおすすめしない理由は何ですか。

＿＿＿＿＿＿＿＿＿＿

단어

とうとう 드디어　面接 면접　服装 복장　最低限 최소한　ネイビー 감색, 군청색　無難だ 무난하다　柄 무늬　目立つ 눈에 띄다　ストライプ 줄무늬　情熱的 정열적　赤 빨강　派手だ 화려하다　しわ 주름

회화 마스터

기업 설명회에 입고 갈 의상에 대해 상의하는 아이와 새리 TRACK 086

セリ　愛さん、来週の土曜日、合同企業説明会に行くんですが、どんな服装で行けばいいでしょうか。

愛　パンフレットに、服装に関して何か書いてなかった？

セリ　服装は自由って書いてありました。でも、自由って言われると余計悩んじゃって。

愛　だったら、無難にスーツを着て行ったらいいと思うよ。私服って書いてあったら、スーツじゃないほうがいいと思うけどね。

セリ　じゃあ、スーツで行くことにします。

愛　そうそう、説明を聞きたい企業は決まってるの？

セリ　はい。いくつかの企業については、ホームページでチェックしてあります。

愛　それじゃ、質問したい内容もまとめておくといいよ。当日、話を聞きながら考えたんじゃ、話が頭に入らないからね。

セリ　分かりました。合同説明会って事前の準備も大事なんですね。

愛　あ、それから、基本的なことだけど挨拶も大事だよ。挨拶ができない人やマナーが悪い人は最初から採用しないことにしてるって聞いたことがあるしね。

★ 본문 회화를 큰 소리로 읽어 봅시다.

★ 다른 사람과 짝이 되어 함께 말해 봅시다.

단어

合同 합동　~に関して ~와/과 관련해, ~에 대해　余計 한층, 더욱　私服 사복　ホームページ 홈페이지　基本的 기본적
採用する 채용하다

문법 마스터

1 ～ことにしている ～하도록 하고 있다

「～ことにしている」는 「～ことにする」를 「～ている」로 활용한 형태이다. 「～ことにする」는 동사의 사전형이나 「ない」형에 접속하여 화자의 개인적인 결정이나 결의를 나타내는데, 「～ことにしている」는 그러한 결정이나 결의의 결과가 습관이 되었음을 나타낸다. 따라서 사회적인 관습이나 의례 등 공적인 일에 대해서는 잘 사용하지 않는다.

A **私は基本的に自分の健康管理にかけるお金はけちらないことにしています。**
저는 기본적으로 자신의 건강 관리에 들이는 돈은 아끼지 않고 있습니다.

B **それはいいですね。体調が悪くて仕事の効率が上がらなかったりする方が高くつく場合もありますからね。** 그거 좋네요. 몸이 좋지 않아서 일의 효율이 오르지 않거나 하는 편이 비싸게 먹히는 경우도 있으니까요.

2 타동사 ＋てある ～되어 있다, ～해 두다

「～てある」는 타동사에 접속해 행위의 결과 생겨난 상태를 나타낸다. 경우에 따라서는 장래를 위해 어떤 일을 미리 해 두는 의미를 나타내기도 한다. 문장에 「～てある」 표현이 오면 원래 「を」격을 취하던 목적어가 주어가 된다. 또 실제 동작주가 표시되지 않더라도 그와 상관없이 항상 실제 동작주의 존재가 암시되고 있다는 점에서 다른 상태 표현과 구별된다.

A **ネットで旅行を予約したんですが、担当者と連絡がとれません。すでに全額支払って、ビザもとってあるんですが。**
인터넷에서 여행 예약을 했는데 담당자와 연락이 되지 않아요. 이미 전액 지불하고 비자도 발급 받아 두었는데.

B **格安を売りにした旅行会社はちょっと危ないですね。ＳＮＳなどを使って同じ被害にあっている人がいないか調べてみましょう。**
염가로 판매하는 여행 회사는 좀 위험해요. SNS 등을 사용해서 같은 피해를 입은 사람이 없는지 찾아봐요.

3 ～に関して ～와/과 관련해, ～에 대해

「～に関して」는 명사에 접속하여 '～와/과 관련해, ～에 대해'라는 의미를 나타낸다. 명사를 수식할 때는「～に関しての」나「～に関する」의 형태로 사용된다.「～について」보다 격식 있는 표현이다.

A **修理に関する問い合わせはどこにすればいいのでしょうか。**

수리에 관한 문의는 어디에 하면 되나요?

B **修理に関してのお問い合わせは、平日の９時から５時までの間に、お客様センターまでご連絡ください。**

수리에 관한 문의는 평일 9시부터 5시 사이에 고객 센터로 연락 주시기 바랍니다.

단어

けちる 인색하게 굴다, 쩨쩨하게 굴다 **体調** 몸의 상태, 컨디션 **高くつく** 비싸게 먹히다 **担当者** 담당자 **全額** 전액 **支払う** 지불하다 **ビザ** 비자, 입국 허가증 **格安** 매우 쌈 **修理** 수리 **平日** 평일 **お客様センター** 고객 센터

말하기 마스터

다음 문장에서 한국어로 되어 있는 부분을 일본어로 바꾸어 말해 봅시다. TRACK 087

① 本日は、避難訓練の 흐름에 대해、詳しくお話します。

② 本日は、来年度の 고등학교 입학시험에 대해、詳しくお話します。

③ 本日は、健康を保つために 주의해야 하는 것에 대해、詳しくお話します。

밑줄 친 부분의 표현을 바꾸어 말해 봅시다. TRACK 088

健康 | 毎朝、6時に起きます

→ 健康のために毎朝、6時に起きることにしています。

① 節約 | 使わない電気はすぐ消します

→ ____________________

② 日本語の上達 | 分からない言葉があったらすぐ辞書で調べます

→ ____________________

밑줄 친 부분의 표현을 바꾸어 대화해 봅시다. TRACK 089

私　お腹空いた～！

母　勉強大変ね。夜食、作ってあるわよ。食べて、少し休んだら？

① 疲れた | お風呂、沸かす | 入る

② 眠い | コーヒー、いれる | 飲む

밑줄 친 부분의 표현을 바꾸어 대화해 봅시다. TRACK 090

りょうた　この授業、学期末に世界の祭りについてのレポートを書かなくちゃいけないんだよね？

はるか　うん、そうだよ。私はもう資料、ほとんど集めてあるよ。

りょうた　え？そうなの？よかったら、それ、見せてくれない？

はるか　う～ん、ごめん。私、レポートや資料は人に見せないことにしてるんだ。

① ＩＴ関係の会社員にインタビューをする | ＩＴ企業に勤めている先輩の連絡先、まとめる | 人の個人情報は他の人に教えない

② 海の絵を描いて提出する | 週末海に行って下描きをしたし、絵具も買う | 絵は完成してから人前に出す

다음을 참고로 해서 장래의 꿈을 위해 준비해두어야 할 일에 대해 「～に関して」와 「～てある」를 사용해 자유롭게 대화해 봅시다. TRACK 091

佐藤　キムさんは将来の夢のために、準備しておかなければならないことがありますか。

キム　私は貿易会社で働きたいので、世界の経済や貿易に関して、勉強しておかなければなりません。それから、英語も話せなくてはいけないので、来月から通う英語の塾の登録もしてあります。

단어

来年度 내년도　**節約** 절약　**上達** 향상, 숙달　**お腹が空く** 배가 고프다　**夜食** 야식　**沸かす** 데우다　**いれる** (차나 커피를) 끓이다
学期末 학기말　**IT(アイティー)** 정보 기술　**下描き** 밑그림, 스케치　**絵具** 물감　**完成する** 완성하다　**貿易** 무역　**貿易塾** 학원

읽기 마스터

다음 글을 읽고 질문에 답해 봅시다.

合同説明会

規模の大きな合同説明会には、企業が数百社集まることもあります。そのため学生が多くの企業の説明を聞けるように、ある説明会では企業の行う１回の説明を３０分で終わらせることにしているそうです。ただし、短い時間で行われる企業紹介は内容が期待したようなものでないこともあるため、行っても疲れるだけだと思っている人もいるかもしれません。確かに、企業紹介の内容が既に自分で調べてある内容とほとんど同じだったということもあるでしょう。そこで合同説明会では第一志望の企業をチェックすることよりも、よく知らない業界、志望業界の中で知らない企業、名前は知っているけれど何をしているのかよく知らない企業の説明を聞いてみることをおすすめします。新しい業界や企業を知るのにぴったりだからです。企業の人に直接情報を聞くことができるいい機会ですので、上手に活用できるといいですね。また合同説明会の会場では、書類の書き方や面接で上手に自分をアピールする方法に関して教えてくれる講演が行われることもあります。

① ある説明会では、企業の行う説明をどのようにしていますか。

☐ 数百社の企業を集めている　　☐ 期待した内容になるようにしている

☐ 説明１回を３０分で終わらせている　　☐ 疲れない説明になるようにしている

② 企業紹介の内容が、何とほとんど同じなことがありますか。

企業紹介の内容が＿＿＿＿＿＿＿＿＿＿とほとんど同じなことがあります。

③ 合同説明会の会場で、どんな講演が行われることもありますか。

書類の書き方や＿＿＿＿＿＿＿＿＿＿＿＿＿＿＿＿＿＿＿＿

教えてくれる講演が行われることもあります。

단어

規模 규모　**既に** 이미　**第一** 첫 번째, 우선　**ぴったり** 딱 맞음　**機会** 기회　**活用** 활용　**講演** 강연

쓰기 마스터

○ 다음 예문과 같이 **「~てある」**와 **「~ことにしています」**를 사용해 친구와 사이 좋게 지내기 위해 신경 쓰는 일에 대해 작문해 봅시다.

私は昔、自分の考えていることを友達にはっきり伝えられませんでした。それが原因で友達とけんかをすることがよくありました。それで、今は自分の感情や考えをはっきりとその場で友達に伝えることにしています。それから、友達の誕生日は全て手帳にメモしてあります。誕生日の当日に、贈り物をしたり、一緒に遊びに行ったりして、友達を喜ばせています。

友達と仲良くするために気をつけていること

○ 작문한 내용을 서로 발표해 봅시다.

단어

感情 감정 **その場** 그 자리, 즉시 **手帳** 수첩 **贈り物** 선물 **仲がいい** 사이가 좋다

일본어 표현 즐기기

「窓が開いている」와 「窓を開けている」, 「窓が開けてある」의 차이

「窓が開いている」와 「窓が開けてある」는 둘 다 '창문이 열린 상태'를 나타내는 표현이지만, 「開く(열리다)」는 자동사이고 「開ける(열다)」는 타동사이기 때문에 다음과 같은 뉘앙스의 차이가 있다.

「窓が開いている」는 자동사 「開く」에 「～ている」가 결합한 표현으로 '창문이 열려 있다'는 일반적인 상태를 나타낸다. 즉, 지금 창문의 상태가 어떤지, 열려 있는지 닫혀 있는지의 단순 상태를 나타내고 있는 것이다.

「窓が開けてある」는 타동사 「開ける」에 「～てある」가 결합한 표현으로 '창문이 열려 있다'는 상태와 더불어 그러한 상태를 만든 동작주의 존재 및 목적이나 의도를 암시하는 표현이다. 즉 누군가가 어떤 목적이나 의도를 가지고 행위를 한 결과로 그러한 상태가 되었다는 것이다. 동작주의 존재 및 목적, 의도를 의식하고 있다는 점에서 일반적인 상태 표현인 「窓が開いている」와 구별된다.

이와 같이 타동사의 경우 상태의 의미를 나타낼 때는 반드시 대상을 조사 「が」로 나타내고, 보조 동사 「～てある」를 사용해야 한다. 그렇지 않고 「窓を開けている」와 같이 조사 를 써서 「～ている」에 접속하게 되면, 상태 표현이 아니라 '(지금) 문을 열고 있다'는 현재 진행의 의미를 나타내게 되므로 주의하자.

자동사 開く	窓が開いている	일반적인 상태 (창문이 열려 있음)
타동사 開ける	窓が開けてある	동작주가 암시된 상태 (누군가 창문을 열어 두었음)
	窓を開けている	현재 진행 (지금 창문을 열고 있음)

A　真冬なのに窓が開いていますね。閉めましょうか。
한겨울인데 창문이 열려 있네요. 닫을까요?

B　大丈夫です。空気の入れ替えのために、少し窓が開けてあるんです。 괜찮아요. 공기를 환기시키려고 조금 열어 두었어요.

단어

真冬 한겨울　**入れ替え** 교체함, 갈아 넣음

11

面接練習

(めんせつれんしゅう)

학습 목표

1 ~っぱなし ~한 채
2 ~こと ~할 것(지시)
3 ~ように ~하도록(지시)

회화 워밍업

○ 그림을 보면서 들어 봅시다. TRACK 092

○ 다음 단어를 참고해서 타인의 집 방문 예절에 대해 말해 봅시다. TRACK 093

約束時間は昼食や夕食など食事の時間を避けます
3分や5分など少し遅れて到着します
靴下やストッキングなどを着用して行きます
玄関では正面を向いてから上がります
靴の向きを直してから端にそろえて置きます

パク お宅を訪問する時、日本にはどんなマナーがありますか。

田中 そうですね。例えば、________________________というマナーがありますよ。

단어

マフラー 머플러, 목도리　チャイム 차임, 호출용 벨　昼食 점심(밥), 점심 식사　ストッキング 스타킹　着用する 착용하다
玄関 현관　正面 정면　向き 방향　端 가장자리　そろえる 가지런히 하다, 정돈하다

○ 대화를 잘 듣고 아래 질문에 답해 봅시다. TRACK 094

ゆい	たける、＿＿①＿＿？
たける	うん。まだまだ緊張するけどね。
ゆい	面接の時、どんなことに気をつけてる？
たける	相手の＿＿②＿＿とか、相づちを打ちながら会話をするとかかな。
ゆい	なるほど。私、緊張するとつい早口になっちゃうんだよね。 これ、よくないよね。
たける	そうだね。あと、緊張してると相手の話が途中なのに、話し始めちゃうこともあるけど、ちゃんと相手の話が＿＿③＿＿話すことも大切だよね。
ゆい	落ち着いて話さないと、伝えたいことがうまく伝わらないしね。

1 대화문의 빈칸에 들어갈 알맞은 말을 써 봅시다.

① ＿＿＿＿＿＿＿＿＿＿

② ＿＿＿＿＿＿＿＿＿＿

③ ＿＿＿＿＿＿＿＿＿＿

2 대화의 내용에 대한 다음 질문에 답해 봅시다.

① ゆいは緊張するとどうなりますか。

＿＿＿＿＿＿＿＿＿＿

② たけるは、緊張しているとどうすることもあると言っていますか。

＿＿＿＿＿＿＿＿＿＿

단어

相づちを打つ 맞장구를 치다　**早口** 말이 빠름　**落ち着く** 침착하다, 차분하다

회화 마스터

나오토와 면접 연습을 하는 새리 TRACK 095

セリ　(トン・トン・トン) 失礼いたします。(ドアを閉めて椅子に向かう)

直人　ちょっと待って。面接官に背中を向けてもいいから、ドアのほうを向いて閉めなくちゃ。それからドアを閉めた後、何か忘れてない？

セリ　あ、そうだ！ ドアを閉めた後、「失礼します」って言ってから椅子のほうに行くんですよね。

直人　そう。細かいけど、面接のマナーだから忘れないように！

セリ　失礼します。韓国大学国語国文学科４年のキムセリです。
本日はよろしくお願いいたします。

直人　どうぞおかけください。

セリ　失礼いたします。

直人　うん、ここまではよくできてたよ。座る時、どうぞって言われるまで待ってたし。あとは、挨拶する時、明るくはっきり言うこと！ それだけで印象がかなり違うよ。

(練習が終わって)

セリ　今日は付き合ってくれて本当にありがとうございます。
先輩には本当にお世話になりっぱなしですね。

直人　じゃあ、晴れて就職出来たら、おいしいものごちそうして。

★ 본문 회화를 큰 소리로 읽어 봅시다.

★ 다른 사람과 짝이 되어 함께 말해 봅시다.

단어

面接官 면접관 **細かい** 자잘하다, 사소하다 **お世話になる** 신세를 지다 **～っぱなし** ~한 채, ~하기만 함 **晴れて** 떳떳하게, 정식으로

문법 마스터

1 ~っぱなし ~한 채

「~っぱなし」는 동사「放す(놓아주다)」에서 유래한 형식으로, 동사의「ます」형에 접속하여 같은 동작이나 상태가 그대로 계속된다는 의미를 나타낸다. 경우에 따라서는 해야할 일을 완료하지 않고 그 상태로 놔 둔다는 방치의 의미를 나타내기도 한다.

A 朝から晩まで立ちっぱなしの仕事をしているんですが、何か疲れをとるいい方法はないでしょうか。
아침부터 밤까지 선 채로 일을 하고 있는데, 뭔가 피로를 푸는 좋은 방법은 없을까요?

B アロマオイルを使ったマッサージはどうですか。私もやっているんですが、よく効きますよ。 아로마 오일을 사용한 마사지는 어때요? 저도 하고 있는데 아주 효과가 좋아요.

A 買い物をした時にもらうレシートは、家計を管理する時にとても大事なものですよね。 쇼핑을 하고 받은 영수증은 가계를 관리할 때 아주 중요하죠.

B 私も一応もらってはいますが、お財布に入れっぱなしにして、パンパンになってしまうことが多いです。駄目ですよね。
저도 일단 받고는 있는데 지갑에 넣어 두기만 해서 지갑이 땡땡해지는 경우가 많아요. 좋지 않죠.

2 ~こと ~할 것(지시)

「~こと」는 동사의 사전형이나「ない」형에 접속하여 그렇게 해야 한다는 지시나 규칙을 전달할 때 자주 사용된다. 명사 형태 그대로 문 말에 오며 회화체보다는 문장체에서 많이 쓰인다.

A「資料は必ずA4サイズの用紙1枚にまとめること」と書いてありますね。
"자료는 반드시 A4 사이즈 용지 1장에 정리할 것"이라고 쓰여 있네요.

B はい。要点だけをA4サイズの用紙1枚に整理すると、業務の効率化や生産性につながるそうですよ。
네. 요점만을 A4 사이즈 용지 1장에 정리하면 업무 효율화나 생산성과 이어진다고 해요.

A 「履歴書(りれきしょ)は24日(にじゅうよっか)までに必(かなら)ず出(だ)すこと」と就職(しゅうしょく)サイトに載(の)っているんですが…。 "이력서는 24일까지 반드시 제출할 것"이라고 취업 사이트에 나와 있는데요….

B はい、24日(にじゅうよっか)以降(いこう)に到着(とうちゃく)した履歴書(りれきしょ)はすべて選考(せんこう)の対象外(たいしょうがい)となります。
네, 24일 이후에 도착한 이력서는 모두 전형 대상에서 제외됩니다.

3 ～ように ～하도록(지시)

「～ように」는 동사의 사전형이나 「ない」형에 접속하여 청자에 대한 지시나 권고를 나타낸다. 다소 딱딱한 표현으로 문장체와 회화체에서 모두 쓰인다.

A 健康診断(けんこうしんだん)で、「ヘモグロビンの数値(すうち)が低(ひく)い、再検査(さいけんさ)を受(う)けるように」と言(い)われました。大丈夫(だいじょうぶ)でしょうか。
건강 진단에서 "헤모글로빈 수치가 낮음, 재검사 받도록" 이라고 했어요. 괜찮을까요?

B もしかしたら貧血(ひんけつ)かもしれませんね。一度(いちど)、精密検査(せいみつけんさ)をして、適切(てきせつ)な治療(ちりょう)を受(う)けたほうがいいですよ。
혹시 빈혈일지도 모르겠네요. 한번 정밀 검사를 해서 적절한 치료를 받는 편이 좋아요.

A ほら、食事中(しょくじちゅう)はお口(くち)の中(なか)に物(もの)を入(い)れたままおしゃべりしないように、ね?
얘, 식사 중에는 입에 음식을 넣은 채로 말하지 않도록, 알겠지?

B うん、分(わ)かった。 응, 알았어.

단어

疲れをとる 피로를 풀다 **アロマオイル** 아로마 오일 **マッサージ** 마사지 **レシート** 영수증 **家計** 가계 **一応** 일단
パンパン 탱탱, 땡땡 **駄目だ** 바람직하지 않다 **用紙** 용지 **業務** 업무 **効率化** 효율화 **生産性** 생산성 **載る** 실리다, 나오다 **選考** 전형
対象外 대상 외, 대상에서 제외함 **ヘモグロビン** 헤모글로빈 **数値** 수치, 값 **再検査** 재검사 **貧血** 빈혈 **精密** 정밀 **適切だ** 적절하다

말하기 마스터

다음 문장에서 한국어로 되어 있는 부분을 일본어로 바꾸어 말해 봅시다. TRACK 096

① 遊んだおもちゃを 꺼내 놓은 채 にしてはいけません。

② 電気を 켜 놓은 채 にしてはいけません。

③ 水道の水を 흐르는 채 にしてはいけません。

밑줄 친 부분의 표현을 바꾸어 말해 봅시다. TRACK 097

> 子供のころ | 廊下で走る
> → 子供のころ、廊下で走らないようにとよく注意されました。

① アルバイトの時 | 笑顔を忘れない

→ ______________________________

② 陸上クラブに入っていた時 | 必ずストレッチをする

→ ______________________________

밑줄 친 부분의 표현을 바꾸어 대화해 봅시다. TRACK 098

> **キム** 日本の学校のルールを一つ教えてください。
> **佐藤** え～と、「チャイムが鳴ったら席につくこと」ってルールがありますよ。

① 佐藤さんの家族の決まり | お風呂に最後に入った人は湯船を洗う | 決まり

② 日本の食事のマナー | お茶碗を持って食べる | マナー

밑줄 친 부분의 표현을 바꾸어 대화해 봅시다. TRACK 099

母　ちょっと！帰ってきたら靴を脱ぎっぱなしにしないで、きちんとそろえておくように！
私　あ、ごめん。すぐやるよ。
母　それから、履かない靴は靴箱にしまっておくこと。
私　あ、それは今から履くの！

① 部屋の電気をつける | 消しておく | 机の上のコップは洗っておく | 飲む

② 本を読んだら出す | 本棚に戻しておく | この読まない本は古本屋に売りに行く | 読む

다음을 참고해서 고쳐야 할 자신의 버릇에 대해 「〜っぱなし」와 「〜ように」를 사용해 자유롭게 대화해 봅시다. TRACK 100

佐藤　キムさんは、直したいと思っている癖ってありますか。
キム　私はメイクしっぱなしで寝てしまう癖があるので、直さなきゃって思っています。雑誌やテレビで、肌にとても悪いから、メイクをしたまま寝ないようにとよく言っているのを見るんですけど、疲れていると、顔を洗わないで寝てしまうんです。

단어

陸上クラブ 육상부　ストレッチ(=ストレッチング) 스트레칭　席につく 자리에 앉다　決まり 규칙, 습관　湯船 목욕통, 욕조
茶碗 밥그릇　きちんと 정확히, 깔끔히　靴箱 신발장　古本屋 헌책방　癖 버릇　メイク(=メイクアップ) 메이크업, 화장

읽기 마스터

○ 다음 글을 읽고 질문에 답해 봅시다.

面接の際に気をつけること

面接を受ける時の注意点として、こんなことを言われたことはないでしょうか。「事前に行き方などを調べておき、約束の時間の１０～１５分前に面接会場に着いておくこと」、「コートは建物に入る前に脱いで、手に持つように」、「携帯電話の電源を入れっぱなしで面接を受けないように」。面接が始まる前からマナーを守っているかチェックされます。では、面接中はどんなことに気をつけたらいいでしょうか。視線や姿勢などに注意するほか、一緒に面接を受ける学生がいる場合は自分以外の学生の発言も聞いておきましょう。他の学生の意見に対するあなたの意見を聞かれることもあるからです。また、相手の質問に対して自分の答えがずれていないか、答えが結果的に自己アピールになっているかどうか、などにも気を配れるといいですね。面接後は、面接を受けっぱなしにするのではなく、うまくできたところや改善が必要なところを整理すること。そうすることで、次の面接ではもっと上手に自分をアピールできるようになるでしょう。

① 面接前の注意点としてあてはまらないものを選んでください。

□ 事前に行き方などを調べる　　□ １時間前に会場に着く

□ コートを建物の外で脱ぐ　　□ 携帯電話の電源を切る

② 面接中、どうして自分以外の学生の発言も聞いておいたほうがいいですか。

＿＿＿＿＿＿＿＿＿＿＿＿＿＿＿＿＿＿＿＿からです。

③ 面接後は何をしたらいいですか。

＿＿＿＿＿＿＿＿＿＿のではなく、うまくできたところや改善が必要なところを整理しておくといいです。

단어

視線 시선　**発言** 발언　**ずれる** 벗어나다　**結果的** 결과적　**気を配る** 마음을 쓰다, 주의하다　**改善** 개선　**電源を切る** 전원을 끄다

쓰기 마스터

○ 다음 예문과 같이「～っぱなし」,「～ように」와「～こと」를 사용해 공부와 관련해 선생님께 들었던 내용에 대해 작문해 봅시다.

> 中学校の英語の先生は、予習と復習の大切さを私に教えてくれました。先生は、毎回授業の前に分からない単語や表現があったら調べてくるようにといつも言っていました。また、授業のあとも、勉強しっぱなしにしないで、家に帰ったら、短い時間でもいいからその日勉強した内容を復習すること、と言われました。先生のおかげで、予習・復習をきちんとする癖がつきました。

勉強に関して先生に言われたこと

○ 작문한 내용을 서로 발표해 봅시다.

단어

表現 표현　癖がつく 버릇이 들다

일본어 표현 즐기기

「～っぱなし」와 「～たまま」의 차이

「～っぱなし」와 「～たまま」는 둘 다 어떤 동작이나 상태가 그대로 계속됨을 나타낸다. 그러나 결합하는 동사의 종류에 따라서 차이가 생긴다. 접속하는 동사가 '결과'의 의미를 내포하는 동사, 예를 들어 「開ける(열다)」와 같이 행위 후 '문을 연 상태'가 결과로 남는 동사의 경우에는 다음과 같이 둘 다 사용할 수 있다.

창문을 열어 둔 채로 외출했다.

○ 窓を開けっぱなしで外出した。

○ 窓を開けたまま外出した。

같은 상태라도 「～たまま」의 경우는 일반적인 상태를 나타내는데 반해, 「～っぱなし」의 경우는 뭔가 해야 할 일을 하지 않고 방치해 두었다는 뉘앙스가 강하다.
한편 「走る(달리다)」, 「しゃべる(말하다)」 등의 '결과'의 의미를 내포하지 않는 동사, 즉 '계속'의 의미를 나타내는 동사는 다음과 같이 「～っぱなし」와 결합하여 '계속되는 상태'를 의미하지만, 「～たまま」와는 함께 쓰기 어렵다.

그 사람은 1시간이나 계속 얘기했다.

○ あの人は1時間しゃべりっぱなしだ。

× あの人は1時間しゃべったままだ。

A　昨日、眼鏡を頭にのせたまま眼鏡をどこに置いたか10分も探しまわりました。

어제 안경을 머리 위에 얹은 채로 안경을 어디에 뒀는지 10분이나 찾아다녔어요.

B　そういうことってよくありますよね。僕も眼鏡をかけっぱなしでシャワーを浴びてしまったことがありますよ。

그런 일이 자주 있죠. 저도 안경을 쓴 채로 샤워를 한 적이 있어요.

단어

外出する 외출하다　探しまわる 찾아다니다

12

内定(ないてい)をもらった報告(ほうこく)

학습 목표

1 ～そうに ～한 듯이, ～(해/어) 하며
2 ～だけでなく～も ～뿐만 아니라 ～도
3 ～てばかり / ～たばかり ～만 (하다) / 막 ～했다, 방금 ～한 참이다

회화 워밍업

그림을 보면서 들어 봅시다. TRACK 101

다음 단어를 참고해서 퀴즈 응모 당첨 경품에 대해 대화해 봅시다. TRACK 102

温泉旅行・温泉に行く ｜ 映画のペアチケット・映画館で映画を見る
圧力鍋・本格的な料理を作る ｜ 自転車・運動不足を解消する
キャンプの道具・家族と一緒に自然の多いところに出かける

田中 この前、クイズに応募したんですけど、なんと＿＿＿＿＿＿＿＿＿＿が当たりました！

パク わ～！ 本当ですか。最近田中さん、＿＿＿＿＿＿＿＿＿＿たがっていましたし、ちょうどよかったですね。

단어

クイズ 퀴즈 **応募する** 응모하다 **当たる** 들어맞다, 당첨되다 **温泉** 온천 **ペア** 한 쌍, 짝 **圧力鍋** 압력 냄비 **本格的** 본격적
キャンプ 캠프, 야영 **道具** 도구 **なんと** 세상에(감탄사)

대화를 잘 듣고 아래 질문에 답해 봅시다. TRACK 103

ゆい　たける、内定、おめでとう！ 決まったの、＿＿①＿＿。

たける　ありがとう。いろんな企業の面接に何度も落ちた時は、本当に辛くて、もうどこでもいいから内定が欲しいって思った時期もあったけど。

ゆい　でも、あきらめないで就職活動を続けた、たけるの粘り強さがこの結果につながったんだね。夏になるまでに就職先を＿＿②＿＿、6月に決まってよかったね。

たける　うん。会社員になったら長期間の旅行は難しそうだから、できれば大学生最後の夏休みに、行ったことのないいろんな国を旅行したいなって思ってて。

ゆい　私もたけるの粘り強さを見習って、＿＿③＿＿内定もらいたいな。

1 대화문의 빈칸에 들어갈 알맞은 말을 써 봅시다.

① ＿＿＿＿＿＿＿＿＿＿

② ＿＿＿＿＿＿＿＿＿＿

③ ＿＿＿＿＿＿＿＿＿＿

2 대화의 내용에 대한 다음 질문에 답해 봅시다.

① たけるは企業の面接に何度も落ちて辛かった時、どう思っていましたか。

＿＿＿＿＿＿＿＿＿＿

② たけるは大学生最後の夏休みに何をしたいと考えていますか。

＿＿＿＿＿＿＿＿＿＿

단어

内定 내정　**辛い** 괴롭다, 힘들다　**あきらめる** 포기하다　**粘り強さ** 끈질김, 끈기　**結果** 결과　**就職先** 취직처, 취직한 곳　**長期間** 장기간
見習う 보고 배우다

회화 마스터

입사 내정 받은 사실을 나오토에게 알리는 새리 TRACK 104

セリ 直人先輩(なおとせんぱい)！ 今(いま)、連絡(れんらく)をもらったばかりなんですけど、私(わたし)、無事(ぶじ)に内定(ないてい)をもらうことができました。直人先輩(なおとせんぱい)がアドバイスをしてくれたおかげです。本当(ほんとう)にありがとうございました。

直人(なおと) 内定(ないてい)おめでとう。ま、俺(おれ)のおかげっていうより、セリががんばったからだと思(おも)うけど。

セリ 有名(ゆうめい)な大企業(だいきぎょう)ばかり見(み)るんじゃなくて、視野(しや)を広(ひろ)げたのが良(よ)かったのかもしれません。

直人(なおと) じゃ、4月(しがつ)から新入社員(しんにゅうしゃいん)だな。といっても、夏休(なつやす)みにはまた韓国(かんこく)に戻(もど)るんだろ？

セリ はい。韓国(かんこく)に戻(もど)ったら、残(のこ)ってる単位(たんい)を全部(ぜんぶ)取(と)って卒業(そつぎょう)です。残(のこ)り半年(はんとし)、最後(さいご)の大学生活(だいがくせいかつ)を楽(たの)しんでから、また日本(にほん)に来(き)ます。

直人(なおと) 韓国(かんこく)でたくさんチャージしてくるってわけね。
働(はたら)き始(はじ)めたら、やりがいのあることだけじゃなくて辛(つら)いこともいろいろあると思(おも)うけど、また何(なに)か相談(そうだん)したいことがあったら気軽(きがる)に連絡(れんらく)してよ。

セリ ありがとうございます。いつも助(たす)けてもらってばかりですね。
今日(きょう)は約束通(やくそくどお)り、私(わたし)がおいしいものをごちそうします！

★ 본문 회화를 큰 소리로 읽어 봅시다.

★ 다른 사람과 짝이 되어 함께 말해 봅시다.

단어

視野 시야 **広げる** 넓히다 **新入社員** 신입사원 **単位** 학점 **残り** 남은 것, 나머지 **チャージ** 충전 **やりがい** 보람, 할 만한 가치

문법 마스터

1 ～そうに ～한 듯이, ～(해/어) 하며

「～そうに」는 '양태'를 나타내는 「～そうだ」의 부사형으로 화자가 볼 때 그러한 모습으로 동작을 하고 있다는 뜻을 나타낸다. 감각이나 감정을 나타내는 단어와 결합하는 경우가 많다.

A 北海道は、昨日雪も降って急に寒くなったそうですね。
홋카이도는 어제 눈도 내리고 갑자기 추워졌다고 해요.

B はい、そうみたいです。雪の中、寒**そうに**肩をすぼめて足早に歩いている人々の姿をテレビで見ました。
네, 그런가 봐요. 눈 속을 추운 듯이 어깨를 움츠리고 걸어가는 사람들의 모습을 텔레비전에서 봤어요.

A おばあさんのお見舞いに行ってきたんですね。 할머니 문병을 다녀왔군요.

B はい、幸い手術は無事に終わりましたが、口内炎が口中にできてとても辛**そうに**ご飯を食べていました。
네, 다행히 수술은 무사히 끝났지만 구내염이 입 안에 생겨서 무척 힘들게 식사를 하고 계셨어요.

2 ～だけでなく～も ～뿐만 아니라 ～도

「～だけ」는 원래 '한정'을 나타내는데, 부정형 「～だけでない」를 「て」형으로 활용한 「～だけでなく」는 '한정하지 않는다'는 의미를 나타낸다. 따라서 앞에서 언급한 내용뿐만 아니라 뒤에 나오는 내용도 역시 해당한다는 것을 나타낸다. 회화체에서는 「～だけじゃなく(て)…も」와 같이 사용된다.

A 犬は人の言葉**だけでなく**、人の気持ち**も**分かるという記事を読んだんですが。
개는 사람의 말뿐만 아니라 사람의 기분도 안다는 기사를 읽었는데요.

B その記事、私も読みました。驚くべきことに、犬は人間の表情**だけでなく**、人間の会話から**も**感情を読み取るそうですね。
그 기사 저도 봤어요. 놀랍게도 개는 인간의 표정뿐만 아니라 인간의 대화에서도 감정을 읽어 낸다고 하죠.

A 就活のためにビジネスの本を探しているんですが、何かいい本はないでしょうか。 취직 활동을 위해서 비지니스 책을 찾고 있는데요, 뭔가 좋은 책은 없을까요?

B これはどうですか。ビジネスマナーだけじゃなくて、ロールプレイを通してビジネススキルも習えるのでとても勉強になると思いますが。
이건 어때요? 비지니스 매너뿐만 아니라 역할극을 통해서 비지니스 스킬도 익힐 수 있어서 아주 공부가 될 것 같은데요.

3 ～てばかり ～만 (하다)
～たばかり 막 ～했다, 방금 ～한 참이다

「～ばかり」는 그것만으로 다른 것은 없다는 '한정'을 나타내는 명사이다. 명사뿐만 아니라 동사에도 사용되는데 접속 형태에 따라 의미가 달라진다.「て」형에 접속하면 같은 동작을 몇 번이나 반복하거나 또는 계속해서 같은 상태에 있다는 의미를 나타낸다. 이때는 '～만 (한다)'는 화자의 비판적인 뉘앙스가 담겨 있다. 한편「～た」형에 접속한 경우에는 동작이나 상태가 막 완료되었음을 나타낸다.

A うちの猫、こたつを出したら、そこに入ってばかりいるんですよ。
우리 고양이는 고타츠를 꺼냈더니 계속 거기에 들어가 있기만 해요.

B 猫は、寒さに弱いし、狭くて暗い場所が好きなので、こたつの中は絶好の隠れ家ですね。 고양이는 추위에 약하고 좁고 어두운 장소를 좋아하니까, 고타츠 안은 아주 좋은 은신처죠.

A 日本語会話のテキスト、中級が終わったばかりなんですが、次はどんな教材がおすすめですか。 일본어 회화 교재요, 중급을 막 마쳤는데 다음은 어떤 교재를 추천하시나요?

B このシリーズ、上級の教科書ももう少ししたら発刊されるそうですよ。
이 시리즈 상급 교재도 얼마 안 있으면 발간된다고 해요.

단어

すぼめる 움츠리다, 오므리다 **足早に** 빠른 걸음으로 **幸い** 다행히 **手術** 수술 **口内炎** 구내염 **口中** 입 안, 입속 **記事** 기사 **表情** 표정 **読み取る** 읽어내다, 알아차리다 **ロールプレイ(＝ロールプレーイング)** 역할극 **寒さ** 추위 **絶好** 아주 좋음 **隠れ家** 은신처, 은둔처 **中級** 중급 **教材** 교재 **シリーズ** 시리즈, 연속물 **上級** 상급 **教科書** 교과서 **発刊する** 발간하다

말하기 마스터

다음 문장에서 한국어로 되어 있는 부분을 일본어로 바꾸어 말해 봅시다. TRACK 105

① 木村さん、就職先が決って 기쁜 듯이 話していましたよ。

② 木村さん、足を怪我して 아픈 듯이 歩いていましたよ。

③ 木村さん、彼氏ができて 행복한 듯이 デートをしていましたよ。

밑줄 친 부분의 표현을 바꾸어 말해 봅시다. TRACK 106

> テレビを見る
> → テレビを見てばかりいないで、部屋を片付けなさい。

① 外で遊ぶ

→ ______________________________

② マンガを読む

→ ______________________________

밑줄 친 부분의 표현을 바꾸어 대화해 봅시다. TRACK 107

> **キム** どこかおすすめのお店はありますか。
> **佐藤** 駅前のイタリア料理のお店がおすすめです。料理だけじゃなく、食後のコーヒーもおいしいですよ。

① メニューが豊富だ | 値段 | 安い

② お店のインテリア | 雰囲気 | いい

밑줄 친 부분의 표현을 바꾸어 대화해 봅시다. TRACK 108

キム　駅前にオープンしたばかりの韓国料理のお店、行ってみましたか。

佐藤　まだ行っていません。キムさんは行きましたか。

キム　はい。先週末、行ってきたんですが、有名な韓国料理だけじゃなく、あまり日本では知られていないメニューもあって、よかったですよ。

佐藤　わ～、いいですね。今度、一緒に行きましょう。

① 今年の冬に新しくできる ｜ スキー場 ｜ スキー専用ゲレンデ ｜ スノーボード専用ゲレンデ

② 先月改装される ｜ ショッピングセンター ｜ おしゃれなショップ ｜ 雰囲気のいいカフェ

다음을 참고해서 좋아하는 가수나 연예인에 대해 「～だけじゃなく～も」와 「～そうに」를 사용해 자유롭게 대화해 봅시다. TRACK 109

佐藤　好きな歌手や芸能人はいますか。

キム　私は昔から歌手のSERIが好きです。SERIは歌やダンスがうまいだけじゃなく、演技も上手です。最近まで放送していたドラマにも出ていましたよ。それから、SERIはとても楽しそうに歌を歌うのも魅力的です。見ているほうまで楽しい気持ちにさせてくれます。

단어

食後 식후　豊富だ 풍부하다　雰囲気 분위기　スキー場 스키장　専用 전용　スキー 스키　ゲレンデ 천연 스키장, 천연 활주로　スノーボード 스노보드　改装する 개장하다　ショッピングセンター 쇼핑 센터　洋服屋さん 양복점　演技 연기

읽기 마스터

○ 다음 글을 읽고 질문에 답해 봅시다.

内定をもらったら

日本の場合、最終面接に合格すると、企業から内定を通知する書類が送られてきます。最近は採用活動を早く始める企業が増えているため、４年生になったばかりの春に、もう内定をもらっている学生がいたりします。また、複数の企業から内定をもらう学生も少なくありません。しかし内定を複数もらったとしても喜んでばかりではいられません。期限内に企業を一つに決める必要があります。一般的に、内定を通知する書類と一緒に労働条件などが書かれた書類も送られてきます。労働時間だけでなく仕事の内容や給料などについても、書類の内容をよく確認しましょう。説明会や面接の時の社員の様子を思い出し、楽しそうに仕事をしているかなど、企業の雰囲気も検討するといいですね。行きたい企業を決めたら、その企業に内定承諾書などの書類を郵送します。なお、書類で内定承諾書を出すのではなく内定式に参加して、その場で出すこともあります。内定式に参加すると「この企業で働くんだな」という気持ちが強くなるので、就職活動を終えたばかりで実感のなかった学生も意識が変わるそうです。

① 早い人は、いつ内定をもらうことがあると書いてありますか。

□ ４年生になったばかりの春　□ 最終面接に合格した夏

□ 内定通知の書類が送られてきた秋　□ 就職活動を始めたばかりの冬

② 企業を一つに決める時、書類のどんな内容をよく確認したらいいですか

＿＿＿＿＿＿だけでなく＿＿＿＿＿＿＿＿＿＿＿もよく確認した方がいいです。

③ 内定式は、どんな学生の意識を変えますか。

＿＿＿＿＿＿＿＿＿＿＿＿＿＿＿＿＿＿＿＿＿＿＿学生の意識を変えます。

단어

通知する 통지하다, 알리다　**複数** 복수, 둘 이상　**期限内** 기한 내, 기한 안　**労働** 노동　**給料** 급료, 급여　**様子** 모습, 상황, 상태
承諾書 승낙서　**郵送する** 우편으로 보내다　**内定式** 내정식　**実感** 실감

쓰기 마스터

○ 다음 예문과 같이 「~だけじゃなく~も」와 「~ばかり」를 사용해 건강을 위해 하고 있는 일에 대해 작문해 봅시다.

> 私は健康のために運動だけじゃなく、食生活にも気をつけています。毎日同じ時間に食事をすることや、お肉や野菜をバランスよく食べることなどを心がけています。この習慣を始めたばかりのころは、食事を同じ時間にするのを忘れてしまうことが多かったので、携帯のアラームをセットして時間を守るようにしていました。

健康のためにしていること

____

○ 작문한 내용을 서로 발표해 봅시다.

단어

食生活 식생활　バランス 밸런스, 균형　心がける 주의하다, 명심하다

일본어 표현 즐기기

「~たところ」와 「~たばかり」의 차이

「~たところ」와 「~たばかり」는 모두 어떤 행위가 완료된 직후를 나타내지만 다음과 같은 점에서 차이가 있다.
「~たところ」는 시간적으로 볼 때 막 완료된 시점에 초점을 둔 표현으로, 새로운 사건으로 넘어가기 전의 단계를 나타내는 경우가 많다.
「~たばかり」는 화자의 인식에 기반을 둔 표현으로 어제, 지난 주, 작년의 일까지도 나타낼 수 있다.
즉, 「~たところ」는 '어떤 행위가 지금 완료되었다'는 사실에 초점을 둔 표현이고, 「~たばかり」는 '어떤 행위가 완료되어 별로 시간이 지나지 않았다'는 인식에 초점을 둔 표현이라고 할 수 있다.

A　今、家に**着いたところ**です。今日の会議、本当にありがとうございました。パクさんの通訳のおかげでうまくいきました。
지금 집에 막 도착했어요. 오늘 회의 때 정말 감사했어요. 박 씨의 통역 덕분에 잘 진행됐어요.

B　いいえ、昨年からビジネス会話の勉強を**始めたばかり**なので、まだまだです。でも、お役に立ててとても嬉しいです。
아니에요. 작년부터 비지니스 회화 공부를 시작한 참이라 아직 멀었어요. 하지만 도움이 됐다니 정말 기뻐요.

단어

通訳 통역

부록

- 스크립트 및 모범 답안
- 문법 찾아보기
- 단어 찾아보기

1 家探し

회화 워밍업

F　이사한다면 어떤 집에서 살고 싶어요?
M　음, 집세는 비싸도 상관없으니까 역에서 가까운 집에서 살고 싶어요.

○

田中　引っ越すとしたら、どんな家に住みたいですか。이사한다면 어떤 집에서 살고 싶어요?

パク　そうですね。古くてもかまわないので、広い家に住みたいです。
글쎄요. 오래되어도 상관없으니까 넓은 집에서 살고 싶어요.

そうですね。狭くてもかまわないので、新しい家に住みたいです。글쎄요. 좁아도 상관없으니까 새로 지은 집에서 살고 싶어요.

そうですね。一階でもかまわないので、オートロックがある家に住みたいです。
글쎄요. 1층이어도 상관없으니까 자동 잠금 장치가 있는 집에서 살고 싶어요.

そうですね。駅から遠くてもかまわないので、家賃が安い家に住みたいです。
글쎄요. 역에서 멀어도 상관없으니까 집세가 싼 집에서 살고 싶어요.

そうですね。駐車場がなくてもかまわないので、スーパーに近い家に住みたいです。
글쎄요. 주차장이 없어도 상관없으니까 슈퍼에서 가까운 집에서 살고 싶어요.

○

다케루　혼자 산다면 어떤 집에서 살고 싶어?
유이　글쎄, 신축에 역에서 가깝고 자동 잠금 장치가 있는 집. 낡은 집이나 역에서 먼 집은 정말 싫어.
다케루　유이가 살고 싶은 집 비싸겠다.
유이　집세는 비싸도 상관없으니까 편리한 곳에서 살고 싶어. 다케루는?
다케루　음, 나는 낡아도 괜찮으니까 집세가 싼 편이 좋아.
유이　다케루는 차를 가지고 있으니까 역에서 멀어도 괜찮겠다.
다케루　응. 주차장이 있으면 역에서 멀어도 상관없어.

1 ① 駅から近くて、オートロックがある家
② 便利なところに住みたいな
③ 駅から遠くてもかまわない

2 ① 古い家や駅から遠い家には住みたくないと言っています。
② 古くてもいいから、家賃が安い家に住みたいと言っています。

회화 마스터

점원　여기 앉으세요. 어떤 방을 찾으시나요?
새리　혼자 살 집으로 월세 6만 엔 정도의 방을 찾고 있는데요….
점원　그러시다면 이쪽은 어떠신가요? 이 아파트는 역에서도 가깝고 베란다가 넓어서 세탁물을 말리기 편해요.
새리　좋네요. 하지만 이 방 1층이네요…. 이 아파트는 같은 조건인데 가격이 싼데 뭐가 다른가요?
점원　이 아파트는 옆에 큰 건물이 있어서 볕이 잘 안 들어요. 그리고 장소에 따라서는 전파도 잘 안 통한다고 해요.
새리　그래요? 그건 좀 곤란하네요.
점원　역에서 좀 멀어도 괜찮으시면 이 방은 어떠신가요? 월세 5만 5천 엔이고 화장실과 욕실이 별도에, 지어진 지 3년밖에 되지 않아 새 건물입니다. 자동 잠금 장치도 달려 있어서 여자분 혼자 사시기에도 안심입니다.
새리　여기 좋아 보이네요. 한번 검토해보고 연락 드릴테니 자료 받을 수 있을까요?

말하기 마스터

○

① トイレをお探しですか。
② 傘をお持ちですか。
③ 何かお困りですか。

○

① どうぞこちらをお使いください。
② どうぞお気軽にご相談ください。

○

① 店員 どんなものをお探しですか。
무엇을 찾으시나요?

お客 今持っている靴が履きにくいので、履きやすいのを探しているんですが…。
지금 갖고 있는 구두가 신기 불편해서 신기 편한 것을 찾고 있는데요….

② 店員 どんなものをお探しですか。무엇을 찾으시나요?

お客 今持っているマグカップが持ちにくいので、持ちやすいのを探しているんですが…。
지금 갖고 있는 머그컵이 들기 불편해서 들기 편한 것을 찾고 있는데요….

○

① 店員 何かお困りでしょうか。뭔가 곤란하신가요?

お客 ここから東京駅までの行き方が分からなくて。여기서 도쿄역까지 가는 법을 몰라서요.

店員 それでしたら、そちらで乗り換えなしで行けるバスにお乗りください。
그러시다면 저쪽에서 갈아타지 않고 갈 수 있는 버스를 타세요.

お客 ああ、その行き方は分かりやすいですね。
아, 그 (가는) 방법은 알기 쉽네요.

② 店員 何かお困りでしょうか。뭔가 곤란하신가요?

お客 打ち合わせをするのにちょうどいい場所が分からなくて。
회의를 할 만한 적합한 장소를 몰라서요.

店員 それでしたら、あちらのラウンジをご利用ください。그러시다면 저쪽 라운지를 이용하세요.

お客 ああ、あそこなら仕事のことも話しやすいですね。아, 저기라면 일 얘기도 하기 편하겠네요.

○

사토 이 노트북은 사용하기 편한가요?
김 네. 제 노트북은 화면이 커서 보기 편해요. 그리고 인터넷 속도도 빨라요. 하지만 무거워서 가지고 다니기 조금 불편해요. 그래서 집에서 사용할 때가 많아요.

읽기 마스터

안전하게 혼자 살 수 있는 집
안전하게 혼자 살 수 있는 집을 찾으시나요? 그렇다면 집을 찾을 때에 다음 두 가지 사항에 주의하면 좋습니다. 먼저, 자동 잠금 장치와 모니터가 달린 인터폰이 있는지 어떤지 확인하세요. 이것들이 있으면 수상한 사람이 집이나 방 앞에 와도 방에 있는 상태에서 확인할 수 있어 안전합니다. 방문판매원과도 모니터를 통해서 얘기할 수 있어 거절하기 쉽습니다. 다음으로 2층, 가능하면 3층 이상의 방을 찾으세요. 1층 집은 그다지 추천하지 않습니다. 3층 이상인 방이라면 도둑 피해를 잘 입지 않는다고 합니다. 이사를 한 다음에도 주의해야 할 것이 있습니다. 그것은 집 우편함을 매일 확인해서 우편물을 쌓아 두지 않는 것입니다. 우편함에 우편물이 많이 들어 있으면 집을 비웠다는 걸 도둑에게 가르쳐주는게 됩니다. 자신의 안전과 관련된 일이니까 귀찮다고 생각하지 말고 잘 지키는 편이 좋습니다.

① 毎日家のポストをチェックすること
② 3階以上の部屋だと、泥棒の被害にあいにくいと言われているからです。
③ 家を留守にしていることを泥棒に教えることになってしまうからです。

2 ゴミの出し方

회화 워밍업

M 이 마을은 어느 집이나 아주 멋지네요.
F 이 지역에서는 지붕의 색깔을 갈색이나 오렌지색으로 하도록 되어 있다고 해요. 그래서 멋지게 보이는지도 모르겠네요.

○

田中 この街、とても美しいですね。1枚の絵画みたいです。이 마을 아주 아름답네요. 한 장의 그림 같아요.

パク この地域ではこの景色を保つために、道にごみを捨ててはいけないことになっているらし

いですよ。이 지역에서는 이 경치를 보존하기 위해 길에 쓰레기를 버리지 못하게 되어 있다고 해요.

この地域ではこの景色を保つために、派手な色の建物を建ててはいけないことになっているらしいですよ。이 지역에서는 이 경치를 보존하기 위해 화려한 색의 건물을 짓지 못하게 되어 있다고 해요.

この地域ではこの景色を保つために、自動販売機を置いてはいけないことになっているらしいですよ。이 지역에서는 이 경치를 보존하기 위해 자동판매기를 두어서는 안 되게 되어 있다고 해요.

この地域ではこの景色を保つために、ネオンサインを使ってはいけないことになっているらしいですよ。이 지역에서는 이 경치를 보존하기 위해 네온사인을 사용하지 못하게 되어 있다고 해요.

この地域ではこの景色を保つために、屋根の形を決められたもの以外にしてはいけないことになっているらしいですよ。
이 지역에서는 이 경치를 보존하기 위해 지붕의 모양을 정해진 것 이외에는 하지 못하게 되어 있다고 해요.

유이 아까 그 사람 걸으면서 휴대폰 보던데, 그거 정말 위험하잖아. 도중에 노란 선 밖으로 벗어나거나 해서 홈에서 떨어지지 않을까 걱정됐었어.

다케루 걸으면서 휴대폰 보는 건 주변 사람들에게도 민폐지.

유이 전철을 탈 때도 매너를 지키지 않는 사람이 가끔 있잖아.

다케루 응. 전철을 기다릴 때는 줄을 서야 하는데 지키지 않는 사람이 있지.

유이 또, 전철에서 내리는 사람이 먼저인데 모두 내리기 전에 타려고 하는 사람도 있고.

다케루 전철 안에서는, 사람이 많을 때에도 배낭을 등에 멘 채로 있는 사람 진짜 곤란하지.

유이 조금만 주의하면 서로 기분 좋게 이용할 수 있을텐데 말이야. 우리도 조심하자.

1 ① ホームから落ちないか
② 列に並ぶことになってる
③ 背中に背負ったまま

2 ① 歩きスマホの人を見ました。(歩きながらスマホを使っている人を見ました。)
② 電車から降りる人が先なのに、全員降りる前に乗り始める人がいます。

회화 마스터

가토 저기, 이 지역에서는 쓰레기는 8시 반까지 내놓아야 하거든요.

새리 앗, 그런가요? 죄송해요, 몰랐어요.

가토 아, 혹시 외국분이세요?

새리 네, 한국에서 왔어요. 4월부터 저기 아파트에서 살고 있어요.

가토 그랬구나. 쓰레기 버리는 법에 대해서 뭔가 모르는 게 있나요?

새리 음, 쓰레기는 아침에만 내놓을 수 있나요?

가토 맞아요. 시간을 지키지 않는 사람들 때문에 요즘 쓰레기 수거장이 지저분할 때가 많거든요. 그리고 요일에도 주의해야 해요. 월요일은 재활용 쓰레기, 화요일과 목요일은 타는 쓰레기, 금요일은 타지 않는 쓰레기만 내놓을 수 있어요. 그 날에 내놓아도 되는 쓰레기인지 아닌지 확인한 다음에 내놓아야 해요.

새리 요일에 따라 다르군요. 여러 가지로 가르쳐 주셔서 감사합니다.

가토 아니에요. 나는 저 집에 사는 가토에요. 뭔가 모르는 게 있으면 언제라도 물어봐요.

말하기 마스터

① 宿題をしたら、猫にえさをあげてちょうだい。/ やってちょうだい。
② 家に帰ってきたら、トイレの掃除をしてちょうだい。
③ 朝ご飯を食べ終わったら、お皿を洗ってちょうだい。

① 車は車道を走らなければなりません。
② 車は踏切の前で一時停止しなければなりません。

① 佐藤　どうして約束の時間に遅れたんですか。
왜 약속시간에 늦었어요?

キム　本当にすみません。携帯の電源が切れたせいで、目覚ましのアラームが鳴らなかったんです。 정말 미안해요. 휴대전화의 전원이 꺼진 탓에 알람이 울리지 않았어요.

② 佐藤　どうして約束の時間に遅れたんですか。
왜 약속시간에 늦었어요?

キム　本当にすみません。夜よく眠れなかったせいで、朝起きられなかったんです。
정말 미안해요. 밤에 잘 못 잔 탓에 아침에 일어날 수 없었어요.

① りょうた　明日は他の道路を通らなければならないね。 내일은 다른 도로로 가야 되겠다.

はるか　え、どうして？ 어? 왜?

りょうた　秋のマラソンのせいで、通れなくなるかもしれないんだ。 가을 마라톤 때문에 못 지나가게 될 지도 모르거든.

はるか　そうなんだ。知らなかった。 그렇구나. 몰랐어.

② りょうた　明日の朝、１時間早く家を出なければならないね。 내일 아침에 집에서 1시간 빨리 나와야 겠다.

はるか　え、どうして？ 어? 왜?

りょうた　台風のせいで、電車が止まるかもしれないんだ。 태풍 때문에 전철이 끊길지도 모르거든.

はるか　そうなんだ。知らなかった。 그렇구나. 몰랐어.

사토　김 씨의 고등학교에는 어떤 교칙이 있었나요?
김　글쎄요. 제가 다닌 고등학교에서는 겨울 외투는 검정색이나 감색인 것을 입어야만 했어요.

읽기 마스터

음식물 쓰레기의 분류는 필요한가
여러분이 살고 있는 지역에서는 음식물 쓰레기와 다른 쓰레기를 분류해야 하나요? 쓰레기를 태웠을 때 다이옥신이 발생하는 것은 '타는 쓰레기'에 음식물 쓰레기가 들어 있는 탓에 쓰레기를 태울 때의 온도가 높아지지 않기 때문이라고 얘기해 왔습니다. 그러나 도쿄에서는 10년 이상 전부터 음식물 쓰레기 뿐만 아니라 '타지 않는 쓰레기'였던 더러워진 플라스틱 등도 같이 '타는 쓰레기'로 회수하고 있습니다. 이 얘기를 듣고 환경에 좋지 않으니 음식물 쓰레기와 플라스틱은 나눠서 회수해야 한다고 생각하는 사람도 있습니다. 그러나 자원으로 쓸 수 없는 더러워진 플라스틱을 섞어서 태우면 온도가 높아져 음식물 쓰레기가 들어 있어도 다이옥신은 거의 발생하지 않습니다. 또 '타지 않는 쓰레기'였을 때 더러워진 플라스틱은 매장할 수 밖에 없었는데 그 걱정도 없어집니다. 한 가지 주의해야 할 것은 이 얘기를 듣고 '그럼 모두 태워 주세요'라고 생각해 무엇이든 '타는 쓰레기'로 버리는 것입니다. 쓰레기를 태우는 기술은 발전하고 있지만 우선은 쓰레기를 가능한 한 만들지 않는 것이 중요합니다.

① 生ごみも一緒に燃やしたせい
② 環境によくないから生ごみとプラスチックは分けて回収しなければならないと考える人もいます。
③「じゃあ、全部燃やしてちょうだい」と考えることです。

3 韓国に荷物を送る

회화 워밍업

F　이 짐, 배편으로 부탁합니다.
M　배편이면 조금 시간이 걸리는데, 괜찮으신가요?

お客　この荷物、船便でお願いします。
이 짐, 배편으로 부탁합니다.

郵便局員　船便だと、生ものは送れませんが、よろしいでしょうか。
배편이면 날것은 보낼 수 없는데, 괜찮으신가요?

お客　この荷物、着払いでお願いします。
이 짐, 착불로 부탁합니다.

郵便局員　着払いだと、国内のみの受付になりますが、よろしいでしょうか。
착불이면 국내만 접수 가능하신데, 괜찮으신가요?

お客　この荷物、国際スピード郵便でお願いします。이 짐, 국제 특급 우편으로 부탁합니다.

郵便局員　国際スピード郵便だと、少しお値段が高くなってしまいますが、よろしいでしょうか。국제 특급 우편이면 가격이 조금 비싸지는데, 괜찮으신가요?

お客　この荷物、普通航空便でお願いします。
이 짐, 보통 항공 우편으로 부탁합니다.

郵便局員　普通航空便だと、到着時間の指定ができませんが、よろしいでしょうか。
보통 항공 우편이면 도착 시간 지정이 불가능한데, 괜찮으신가요?

お客　この荷物、エコノミー航空便でお願いします。이 짐, 이코노미 항공편으로 부탁합니다.

郵便局員　エコノミー航空便だと、2週間ほどかかってしまいますが、よろしいでしょうか。
이코노미 항공편이면 2주 정도 걸리는데, 괜찮으신가요?

○

다케루　그 짐, 어떻게 된 거야? 무거워 보이는데.
유이　이거? 해외에 있는 친척에게 보낼 짐이야. 무거우니까 우체국까지 가지고 가는 거 도와주지 않을래?
다케루　좋아. 이렇게 큰 짐 해외에 보내려면 배송료 비싸겠다.
유이　그거라면 괜찮아. 배편으로 보낼 거거든.
다케루　배편이면 쌀 지는 모르겠지만 도착하는데 꽤 시간이 걸릴 거야.
유이　뭐? 그건 곤란해! 유통기한이 2주 정도인 과자가 잔뜩 들어 있단 말이야!
다케루　SAL편으로 보내면 어때? 배편보다는 배송료가 비싸지만 꽤 빨리 도착할거야.
유이　응. 그렇게 할게. 다케루, 잘 아는 구나.

1 ① 海外にいる親戚に
② 送料高くなりそうだね
③ 船便だと安いかもしれない

2 ① 賞味期限が2週間ぐらいのお菓子がたくさん入っているからです。
② 船便よりは送料が高いけど、かなり早く着くと言っています。

회화 마스터

아이　엄청난 짐이네. 이렇게 큰 짐을 어디에 보낼 거야?
새리　한국 집에요. 유학을 두 번이나 보내준 부모님에게 선물을 잔뜩 보내고 싶어서요.
아이　가전제품도 들어 있는데 과자도 많네.
새리　과자는 전부 해리가 보내라고 해서요.
아이　그러고 보니 우리 집에 와 있을 때도 과자를 많이 먹었었어.
새리　이 과자만 해도 멀리 있는 가게까지 일부러 사러 갔다 왔어요, 정말!
아이　하하하. 이렇게 짐이 크면 집으로 가지러 오는 서비스를 이용하면 좋아.
새리　그거 편리하네요. 시간은 지정할 수 있나요? 내일은 오후에 잠깐 예정이 있어서….
아이　시간을 지정해서 오전 중에 오도록 하면 괜찮아.
새리　다행이네요. 아이 씨, 다음에 해리한테 과자 너무 많이 먹지 말라고 말해 주세요.
아이　응? 왜?
새리　그렇게 하면 해리가 별로 부탁하지 않을 거 같아서요.

말하기 마스터

○

① 先輩が早く家に帰らせてくれました。
② 上司が担当したい仕事を選ばせてくれました。
③ 友だちがパソコンを使わせてくれました。

○

① 子供の頃、親に嫌いな野菜を食べさせられました。
② 子供の頃、親に英語を習わされました。/
子供の頃、親に英語を習わせられました。

○

① 佐藤 妹に私の部屋に入らないように言ってるんですが、やめません。 여동생에게 내 방에 들어가지 말라고 하고 있는데, 그만두지 않아요.

キム それは困りましたね。 그거 곤란하네요.

② 佐藤 妹に夜遅くに部屋で歌を歌わないように言ってるんですが、やめません。
여동생에게 밤 늦게 방에서 노래를 부르지 말라고 하고 있는데, 그만두지 않아요.

キム それは困りましたね。 그거 곤란하네요.

○

① 佐藤 あれ、キムさん、元気がないですね。どうしたんですか。
어? 김 씨, 기운이 없네요. 무슨 일 있어요?

キム 実は、昨日、引っ越しの手伝いで、友達に重い荷物をたくさん運ばされて…。
실은, 어제 이사를 돕느라 친구가 무거운 짐을 잔뜩 나르게 해서요….

佐藤 それは大変でしたね。 그거 힘들었겠네요.

キム 今度会った時に、次の引っ越しには私を呼ばないように言おうかなと思っています。
다음에 만나면 다음 이사할 때에는 나를 부르지 말라고 말할까 생각하고 있어요.

② 佐藤 あれ、キムさん、元気がないですね。どうしたんですか。
어? 김 씨, 기운이 없네요. 무슨 일 있어요?

キム 実は、試験の前日に、姉に買い物に行かされて…。 실은, 시험 전날에 언니가 쇼핑하는데 데려가서요….

佐藤 それは大変でしたね。 그거 힘들었겠네요.

キム 今度会った時に、試験の前は頼まないように言おうかなと思っています。
다음에 만나면 시험 전에는 부탁하지 말라고 말할까 생각하고 있어요.

○

김 가족에게 감사하고 있는 일은 무엇인가요?

사토 배우고 싶은 것이나 진로를 언제나 제가 선택할 수 있게 해준 것이요. 별로 하고 싶지 않은 것을 억지로 배우거나 희망하지 않는 진로를 선택하는 사람도 있다는 것 같은데, 우리집에서는 그런 일이 없어서 정말 감사하고 있어요.

읽기 마스터

편의점 택배 수취 서비스
아침부터 밤까지 일 때문에 집에 없는 탓에 택배를 받을 수가 없다. 택배를 받기 위해 한나절이나 집에서 기다렸다. 택배를 영업소에서 받기로 했는데 영업소가 가까이에 없다. 이런 경험을 한 사람은 의외로 많지 않을까요? 최근 이런 불편함을 해소할 편의점 택배 수취 서비스가 보급되고 있습니다. 인터넷 쇼핑 등으로 상품을 구입할 때 수취를 편의점으로 지정하는 것으로 24시간 자기가 좋은 시간에 집 근처에서 택배를 받을 수 있습니다. 이 서비스를 이용하면 택배를 받기 위해 긴 시간 집에서 기다리는 일도, 그리고 먼 영업소까지 찾으러 가는 일도 없습니다. 또 바쁜데도 택배 회사에 전화를 해서 택배 재배달을 해 달라고 말할 필요도 없습니다. 현재 이 서비스는 대형 통신 판매 회사를 이용할 때 등 한정되어 있기는 하지만 바쁜 현대인에게 아주 매력적인 서비스입니다.

① 荷物を遠い営業所で受け取る

② 荷物を受け取るために長い間家で待たされることも、遠い営業所まで取りに行かされることもありません。

③ 忙しいのに配達会社に電話をして、荷物の再配達をしてくれるように言う必要がありません。

4 お詫びとお裾分け

회화 워밍업

M　어제는 불을 켜 둔 채로 돌아가 버려서 정말 죄송했습니다.
F　괜찮아요. 하지만 다음부터는 껐는지 확인한 다음에 돌아가세요.

○

田中　昨日は窓を開けたまま帰ってしまって、申し訳ありませんでした。
어제는 창문을 열어둔 채로 돌아가 버려서 죄송했습니다.

パク　大丈夫ですよ。でも、次からは閉めたたか確認してから帰ってくださいね。괜찮아요. 하지만 다음부터는 닫았는지 확인한 후에 돌아가세요.

田中　昨日は暖房を入れたまま帰ってしまって、申し訳ありませんでした。
어제는 난방을 켜 둔 채로 돌아가 버려서 죄송했습니다.

パク　大丈夫ですよ。でも、次からは消したか確認してから帰ってくださいね。
괜찮아요. 하지만 다음부터는 껐는지 확인한 후에 돌아가세요.

田中　昨日は大切な資料を机の上に出したまま帰ってしまって、申し訳ありませんでした。
어제는 중요한 자료를 책상 위에 꺼내 둔 채로 돌아가 버려서 죄송했습니다.

パク　大丈夫ですよ。でも、次からはしまったか確認してから帰ってくださいね。
괜찮아요. 하지만 다음부터는 넣었는지 확인한 후에 돌아가세요.

田中　昨日はごみを捨てずに帰ってしまって、申し訳ありませんでした。
어제는 쓰레기를 버리지 않고 돌아가 버려서 죄송했습니다.

パク　大丈夫ですよ。でも、次からは捨てたか確認してから帰ってくださいね。괜찮아요. 하지만 다음부터는 버렸는지 확인한 후에 돌아가세요.

田中　昨日は出張の報告をせずに帰ってしまって、申し訳ありませんでした。
어제는 출장 보고를 하지 않고 돌아가 버려서 죄송했습니다.

パク　大丈夫ですよ。でも、次からは書類を提出したか確認してから帰ってくださいね。
괜찮아요. 하지만 다음부터는 서류를 제출했는지 확인한 후에 돌아가세요.

○

레나　미안! 늦잠 잤어! 많이 기다렸지?
유이　1시간이나 기다렸어! 늦잠이라니 대체 몇 시에 일어난 거야?
레나　10시…. 어제 자기 전에 알람 시계를 맞춰놨는데 스위치를 끈 채로 자 버려서….
유이　예매한 영화 10시 반부터였어. 벌써 시작했잖아.
레나　정말 미안. 영화 티켓이랑 점심은 내가 살 테니까 용서해줘.
유이　알았어. 하지만 다음부터는 조심해. 제대로 알람 맞췄는지 확인하라고.
레나　응, 조심할게. 점심은 유이가 좋아하는 거 뭐든지 사 줄게.

1　① かなり待たせたよね
② もう始まっちゃってるよ
③ 目覚ましをセットしたか

2　① 目覚まし時計のスイッチをオフにしたまま寝てしまったからです。
② ゆいの好きなものを何でもごちそうすると言っています。

회화 마스터

새리　안녕하세요. 유학생 김새리입니다.
가토　어머, 안녕하세요.
새리　저, 지난번에는 쓰레기 버리는 규칙을 잘 몰라서 폐를 끼쳤어요. 친절하게 가르쳐 주셔서 정말 감사합니다. 좀 더 빨리 인사를 하러 왔어야 하는데….
가토　아니에요. 처음이면 몰라도 어쩔 수 없죠.
새리　그래서, 사과라고 하긴 좀 그렇지만 엄마가 한국에서 많이 보내주셔서, 이거 괜찮으시면 받아 주세요. 한국 김이에요. 입에 맞으실지 모르겠지만….
가토　어머 어머, 이렇게 하지 않아도 되는데. 그렇지만 우리 식구들 한국 김 좋아하거든. 고맙게 받을게요. 맞다, 나 지금 마침 차 끓이려던 참인데 안 바쁘면 들어와요. 같이 차 마셔요.
새리　어, 하지만 폐가 되지 않을까요?
가토　괜찮아요. 조금, 아니 꽤 어질러져 있지만. 어서 들어와요.

새리 그럼, 그렇게 말씀하시니 실례하겠습니다.

말하기 마스터

○

① よく噛んで食べなさい。
② 宿題をしてから遊びなさい。
③ 外から帰ってきたら手を洗いなさい。

○

① 私は、無理して付き合うぐらいなら、別れるべきだと思います。
② 私は、相手の成長のためにも、悪いところを指摘してあげるべきだと思います。

○

① 私 今日、大学に車で行くから。
오늘 학교에 차 타고 갈 거야.
母 じゃあ、私が買い物に行く時、車が使えないわね？ 그럼 내가 쇼핑하러 갈 때 차를 쓸 수 없겠네?
② 私 今日、飲み会で帰りが遅くなるから。
오늘 회식 있어서 늦을 거야.
母 じゃあ、夜、駅まで迎えに行った方がいいわね？ 그럼 밤에 역까지 마중가는 편이 좋겠지?

○

① 母 ゆうこちゃんとけんかしたらしいわね。
유코랑 싸웠다며?
私 よく知らずに、一方的に批判するべきじゃないって言ったら、怒っちゃって。
잘 모르면서 일방적으로 비판해서는 안 된다고 했더니 화를 내서.
母 ある程度は、状況を知っていたのかもしれないわね。 어느 정도는 상황을 알고 있었는지도 모르겠네.
私 そうかもしれない…。 그럴지도 몰라….
母 ちゃんと話し合って、仲直りしなさい。
서로 잘 얘기해서 화해해.
② 母 ゆうこちゃんとけんかしたらしいわね。
유코랑 싸웠다며?
私 授業の方が大切だから、アルバイトをたくさんするべきじゃないって言ったら、怒っちゃって。 수업이 중요하니까 아르바이트를 많이 해서는 안 된다고 했더니 화를 내서.
母 何かの理由で、お金が必要だったのかもしれないわね。
어떤 이유 때문에 돈이 필요했는지도 모르겠네.
私 そうかもしれない…。 그럴지도 몰라….
母 ちゃんと話し合って、仲直りしなさい。
서로 잘 얘기해서 화해해.

○

사토 김 씨, 교토를 여행했다고요? 어땠어요?
김 좋았어요. 여행 중에 역에서 만난 아주머니가 '절에 갈 거라면 아침 일찍 가 보세요'라고 하시더라구요. 실제로 이른 아침에 가 봤더니 시원하고 공기가 좋고, 관광객도 적어서 느긋하게 구경하며 돌아다닐 수 있었어요. 그래서 저도 절은 아침 일찍 가야 한다고 생각해요.

읽기 마스터

사과 문화
일본에 여행 온 외국인들은 일본인은 사과를 잘 한다는 인상을 갖는 경우가 많다고 합니다. 실제로 일본에서는 상대방이 불만을 얘기했을 때 자신의 잘못이 아니어도 사과하는 경우가 있습니다. 여러분 중에는 자신의 잘못이 아닌데 사과해서는 안 된다, 사죄는 자신의 잘못을 인정했을 때에만 해야 한다고 생각하는 사람이 있을지도 모르겠습니다. 그러나 이런 경우에 일본인은 자신의 잘못을 인정해서 사과하는 것이 아니라 사과함으로써 상대방의 불만과 화나는 마음을 진정시키려는 것입니다. 이 사과 문화는 무사 신분제도와도 관계가 있습니다. 무사 사회에서는 윗사람에 대한 실수는 자신의 생명과 연관되는 문제였습니다. 따라서 뭔가 문제가 발생한 경우에는 우선 사과해서 상대방의 기분을 누그러뜨리는 것이 중요하다고 생각했습니다. 현대사회에서도 서비스업 등에서 불만을 들은 경우에는 우선 상대방에게 불쾌함을 느끼게 한 것을 사과하라고 교육하는 일도 많다고 합니다. 일본의 사과 문화는 상대방의 기분을 중요하게 생각하는 일본인의 성격이 표현된 것인지도 모르겠습니다.

① 相手の気持ちを落ち着かせるため謝る
② まず謝って相手の気持ちを和らげることが重要だと考えられていました。
③ 苦情を受けた時にはまず相手を嫌な気持ちにさせたことを謝りなさいと教育することが多いそうです。

5 サークルのOB会

회화 워밍업

M 지난주 동창회에서 오랜만에 대학 동기를 만났다면서요.
F 네. 그 동기는 회사를 그만둘지 말지 망설이고 있어서 조금 조언을 해 줬어요.

○

パク 高校の同窓会では、会いたかった友達に会えましたか。
고등학교 동창회에서는 만나고 싶었던 친구를 만났나요?

田中 はい。その友達、ヨガを習うかどうか悩んでいたので、私の経験を少し話しました。
네. 그 친구 요가를 배울지 말지 고민하고 있어서 제 경험을 조금 얘기해줬어요.

はい。その友達、海外の大学院に行くかどうか悩んでいたので、私の経験を少し話しました。
네. 그 친구 해외의 대학원에 갈지 말지 고민하고 있어서 제 경험을 조금 얘기해줬어요.

はい。その友達、違う部署に移るかどうか悩んでいたので、私の経験を少し話しました。
네. 그 친구 다른 부서로 옮길지 말지 고민하고 있어서 제 경험을 조금 얘기해줬어요.

はい。その友達、今の相手と結婚するかどうか悩んでいたので、私の経験を少し話しました。
네. 그 친구 지금 애인이랑 결혼할지 말지 고민하고 있어서 제 경험을 조금 얘기해줬어요.

はい。その友達、今より大きい車を買うかどうか悩んでいたので、私の経験を少し話しました。네. 그 친구 지금보다 큰 차를 살지 말지 고민하고 있어서 제 경험을 조금 얘기해줬어요.

○

유이 어제 동아리 끝나고 술 마시러 안 가고 돌아갔지?
레나 아, 어제는 오랜만에 고등학교 때 친구를 만났거든.
유이 아, 그랬구나. 그럼 집에 돌아간 게 아니었구나.
레나 응. 진로라든지 여러 얘기를 하다보니 시간이 금방 지나갔어.
유이 고등학교 때 친구랑 오랜만에 만나면 대학에서 늘 만나는 친구하고는 다른 조언을 들을 수 있거나 하니까 좋지.
레나 맞아 맞아. 그 친구 대학원에 진학할지 말지 아주 고민하더라고.
유이 취직이든 대학원 진학이든 고민은 끝이 없구나.

1 ① 飲み会に行かずに
② 帰ったわけじゃなかったんだ
③ 大学院に進むかどうか

2 ① 久しぶりに高校の時の友達に会いました。
② 大学のいつもの友達とは違ったアドバイスをもらえたりするからいいです。

회화 마스터

새리 어, 나오토 선배! 오랜만이에요.
나오토 오, 오랜만. 잘 지냈어? 내가 졸업한 후로 처음이니까 만나는 건 1년 만인가? 취업 활동으로 다시 일본에 와 있다며?
새리 네, 맞아요. 다음에 그 일로 상담 좀 해 주세요.
나오토 그러고 보니 중국인 남자친구랑은 아직 사귀고 있어?
새리 그런 걸 왜 물어 봐요…. 실은 둘 다 고국으로 돌아가서 원거리가 되고 나서 왠지 모르게 소원해져서요. 역시 원거리 연애는 이어가기가 힘든 건가 봐요.
나오토 음, 글쎄. 원거리라고 해서 꼭 이어지지 않는다고는 단정할 수 없다고 생각하는데….
새리 원거리여도 부지런히 만나러 와 주는 사람이라면 이어갔을까….

나오토	반대로 새리는 중국으로 만나러 갔었어? 동기인 가나도 원거리였는데 가나 쪽에서 자주 만나러 갔었대.
새리	실은 한 번도 가지 않았어요….

말하기 마스터

○

① 引っ越しをして以来、毎日掃除をしている。
② 会社を辞めて以来、あの街には全然行ってない。
③ 工藤さんの結婚式で会って以来だから、３年ぶりだね。

○

① 恋人がアメリカ人だからと言って、英語がうまくなるとは限りませんよ。
② お父さんが数学の先生だからと言って、教えてもらえるとは限りませんよ。

○

① 先生　将来、どんな人になりたいですか。
　앞으로 어떤 사람이 되고 싶어요?
学生　私はみんなから尊敬されるような人になりたいです。
　저는 모두로부터 존경받는 사람이 되고 싶어요.
② 先生　将来、どんな仕事がしたいですか。
　앞으로 어떤 일을 하고 싶어요?
学生　私は人の命を助けるような仕事がしたいです。 저는 사람의 생명을 구하는 일을 하고 싶어요.

○

① りょうた　本当に久しぶりだね。 정말 오랜만이다.
はるか　そうだね。アメリカへ留学に行って以来だから、１０年ぶりだね。
　그러게. 미국에 유학간 이래로 처음이니까 10년만이네.
りょうた　そういえば、山本さん、結婚したって聞いたけど、旦那さん、スポーツ選手のような人なんだってね。
　그러고 보니, 야마모토 씨 결혼했다고 들었는데 남편 분, 운동선수 같은 사람이라며?
はるか　私、先月、会ったんだけど、背が高くて体が大きかったよ。
　나 지난달에 만났는데 키가 크고 체격이 컸어.
② りょうた　本当に久しぶりだね。 정말 오랜만이다.
はるか　そうだね。前の同窓会で会って以来だから、１０年ぶりだね。
　그러게. 전에 동창회에서 만난 이래로 처음이니까 10년만이네.
りょうた　そういえば、山本さん、結婚したって聞いたけど、旦那さん、芸術家のような人なんだってね。 그러고 보니, 야마모토 씨 결혼했다고 들었는데 남편 분, 예술가 같은 사람이라며?
はるか　私、先月、会ったんだけど、服がおしゃれで、話が面白かったよ。
　나 지난달에 만났는데 옷이 멋지고 이야기가 재미있었어.

○

료타	그거 알아? 지난달에 도쿄에 새로 동물원이 생겼대.
하루카	아니, 몰랐어. 동물원은 초등학교 소풍으로 간 이래로 간 적이 없어서 가보고 싶다. 근데 연 지 얼마 안 되서 사람이 많으려나.
료타	그 동물원, 교외에 있어서 연 지 얼마 안 됐지만 붐빈다고는 할 수 없을 것 같아.

읽기 마스터

원거리 연애
원거리 연애를 이어가는 것은 간단하지 않습니다. '원거리가 된 이후로 쭉 남성이 여성을 만나러 가고 있다' 또는 '언제나 여성이 남성이 있는 곳에 만나러 가고 있다' 이런 관계는 오래 지속되지 않는 경우가 많다고 합니다. 상대가 만나러 오기를 늘 기다리고 있는 자세는 좋지 않습니다. 돈도 에너지도 많이 필요하지만, 서로가 상대가 있는 곳에 만나러 가려고 하는 자세가 중요하다고 할 수 있습니다. 또 만나지 못하는 시간이 길어서 외로움을 느 끼기 쉬운 것이 원거리 연애입니다. 다른 커플과 자신들을 비교해서 상대를 탓해도 외로움이 커질 뿐입니다. 주변 사람과 금방 비교해 버리는 사람은 원거리 연애에 맞지 않는지도 모릅니다. 외로운 마음이 커지지 않도록 원거리 연애에서는 정기적으로 연락을 해서 생각하고 있는 것을 솔직하게 서로 전달하는 것이 중요합니다. 너무 외로울 때에는 가까이에 있는 친절한 사람에게 기대고 싶은 마음이 생기니 주의합시다. 원거리 연애라고 해서 늘 잘 되지 않는다고는 단정할 수 없습니다. 서로에 대한 배려와 노력이 있으면 오래 이어져 결혼에 이르는 커플도 있기 때문입니다.

① 相手が来てくれるのを待つ姿勢
② 周りの人とすぐに比較してしまうような人は向いていないかもしれません。
③ いいえ、遠距離恋愛だからと言っていつもうまくいかないとは限りません。

6 地震避難訓練

회화 워밍업

F　어제는 정말 엄청난 폭우였지요.
M　맞아요. 뉴스에서 강이 범람했다고 하더라구요.

○

田中　昨日の地震、けっこう大きかったですね。
어제 지진 꽤 컸죠?

パク　そうですね。ニュースで震源に近いところでは停電したって言ってましたよ。맞아요. 뉴스에서 진원지와 가까운 곳에서는 정전됐다고 하더라구요.

そうですね。ニュースで震源に近いところでは電車が止まったって言ってましたよ。
맞아요. 뉴스에서 진원지와 가까운 곳에서는 전철이 멈췄다고 하더라구요.

そうですね。ニュースで震源に近いところではいくつかの家が壊れたって言ってましたよ。
맞아요. 뉴스에서 진원지와 가까운 곳에서는 몇 채인가 집이 파괴됐다고 하더라구요.

そうですね。ニュースで震源に近いところでは電話がつながりにくくなったって言ってましたよ。맞아요. 뉴스에서 진원지와 가까운 곳에서는 전화가 불통되었다고 하더라구요.

そうですね。ニュースで震源に近いところでは土砂崩れも起きたって言ってましたよ。
맞아요. 뉴스에서 진원지와 가까운 곳에서는 산사태도 일어났다고 하더라구요.

○

유이　지난주 태풍은 바람도 비도 강했지. 나 그때 집에 혼자 있어서 정말 무서웠어. 뉴스에서도 여러 곳에서 피해가 있었다고 했지.
다케루　응. 하지만 재해 중에서도 태풍이나 폭우는 언제 올 지를 대체로 예측할 수 있어서 피해를 줄이기 위해 사전에 준비할 수 있지.
유이　준비라면 예를 들어 날아갈 것 같은 것을 고정시키거나 집 안에 들여놓거나?
다케루　맞아. 또 생활용수로 사용하기 위해 욕조에 물을 받아두거나 깨져도 흩날리지 않도록 유리에 필름을 붙여두거나 하는 것도 좋다나봐.

1　① 被害があったって言ってた
② 小さくするために
③ 飛び散らないように

2　① いつ頃来るかがだいたい予測できるからです。
② 生活用水に使うためです。

회화 마스터

새리　저, 지진 피난 훈련 알림을 봤는데요, 피난 훈련은 뭘 하나요?
가토　아, 새리 씨가 이사 오고 나서는 처음이구나.
새리　토요일 10시에 동네 방송이 있는 거죠?
가토　맞아요, 그 동네 방송이 있을 때까지 집에서 기다리고 있으면 돼요. 방송 후에 우선 마을 회관에 모이고, 그 다음에 모두 같이 피난처인 사쿠라제2초등학교로 피난하는 거에요. 방송 안내 대로 행동하면 괜찮아요.
새리　우선 마을 회관에 가면 되는군요. 알겠습니다.
가토　그런데, 지진이 일어나면 먼저 뭘 해야 하는지 알아요?
새리　음, 밖으로 나간다?
가토　틀렸어요. 먼저 자신의 몸을 지켜야지요. 책상 아래에 들어가거나 쿠션으로 머리를 보호하거나 하는 거에요.

새리 우선은 몸의 안전을 확보하는 거군요.
가토 맞아요. 무슨 일이 있은 다음에는 늦으니까요. 평소부터 훈련해두면 지진이 났을 때에도 연습한 대로 행동할 수 있어요.

말하기 마스터

○

① 午前中、荷物が届くまで出かけないでね。
② 夕方、お父さんが帰ってくるまで寝ないでね。
③ 午後１時におばあちゃんから電話がかかってくるまで待っててね。

○

① そういえば、サークルのミーティング、１０時からだったよね。
② そういえば、今月末、パーティーがあったよね。

○

① 私 来週のダンスコンテスト、心配だな。
다음 주 댄스 콘테스트 걱정이네.
母 大丈夫。ダンス教室で習った通りに踊ればいいのよ。 괜찮아. 댄스 교실에서 배운 대로 추면 돼.
② 私 明後日一人でおばあちゃんのうちに行くの、心配だな。
모레 혼자서 할머니댁에 가는 거 걱정이네.
母 大丈夫。さっき説明した通りに行けばいいのよ。 괜찮아. 아까 설명한 대로 가면 돼.

○

① りょうた 来週の木曜、ピアノの授業で演奏課題があったよね？
다음 주 목요일 피아노 수업에서 연주 과제가 있었지?
はるか うん、そうだよ。 응, 맞아.
りょうた すっかり忘れてた！ 木曜、心配だな。
완전히 잊고 있었어! 목요일 걱정이네.
はるか 大丈夫。りょうたは上手だから、普段の練習の通りに弾けば、間違えないで弾けると思うよ。 괜찮아. 료타는 잘 하니까 평소에 연습한 대로 치면 틀리지 않고 칠 수 있을 거라고 생각해.
② りょうた 来週の木曜、バンドの練習に先輩が来る日だったよね？
다음 주 목요일 밴드 연습에 선배가 오는 날이지?
はるか うん、そうだよ。 응, 맞아.
りょうた すっかり忘れてた！ 木曜、心配だな。
완전히 잊고 있었어! 목요일 걱정이네.
はるか 大丈夫。りょうたは上手だから、これまで練習した通りに演奏すれば、先輩が褒めてくれると思うよ。 괜찮아. 료타는 잘 하니까 지금까지 연습한 대로 연주하면 선배가 칭찬해 줄 거라고 생각해.

○

사토 노력했는데도 잘 안 되었던 적이 있나요?
김 글쎄요. 얼마 전에 춤 발표회가 있었는데, 긴장해서 연습한 대로 춤을 출 수 없었어요. 매일 다리가 아플 때까지 연습했는데 안타까웠어요. 다음 발표회에서는 조금 더 평소대로 즐겁게 춤출 수 있도록 긴장을 풀고 임하고 싶어요.

읽기 마스터

태풍 예보와 재해예측도
태풍 정보를 알고 싶을 때 우리는 일기 예보를 확인합니 다. 태풍이 지나갈 가능성이 높은 경로는 하얀색 원과 선으로 표시됩니다. 그러나 이것은 태풍의 중심이 70%의 확률로 들어갈 범위를 나타낸 것이어서, 언제나 태풍이 이 선대로 진행하는 것은 아닙니다. 처음에 예상한 대로 나아가지 않고 다른 방향으로 지나가는 경우도 자주 있습니다. 또 태풍을 나타내는 하얀색 원은 시간이 지날수록 크게 표시됩니다. 이것을 보고 '태풍은 점점 강해지고 있구나'라고 생각하는 사람도 있는데, 그것은 틀렸습니다. 시간이 지날수록 예상이 어려워서 70% 확률의 범위가 커져 있는 것뿐입니다. 일기 예보를 확인했다면 당신이 지금 살고 있는 지역에 태풍이 올 때까지 태풍에 대한 준비를 해 둡시다. 태풍이 오면 강한 바람과 비 외에도 홍수나 해일 등의 재해가 일어나는 경우도 있습니다. 그때 자연재해의 범위와 정도를 예상한 '재해예측도'를 확인해 두는 것도 중요합니다. 다만, 실제 피해는 재해예측도대로 되지 않는 경우도 있으니, 위험지역으로 지정되지 않은 곳에 사는 사람도 단단히 준비를 해 둡시다.

① 予想した通りに進まないこともある
② 自分が今住んでいる地域に台風が来るまでに準備をしたらいいです。
③ 実際の被害はハザードマップの通りにならないこともあるからです。

7 最近のニュース

회화 워밍업

M 후리소데 대여 업자가 도산했다는 뉴스 봤어요?
F 네, 봤어요. 성인식 날에 후리소데를 입지 못하게 된다거나 하면 정말 슬픈 기분일 거예요.

田中 九州地方の大雨のニュース、見ましたか。
규슈 지방에 큰 비가 왔다는 뉴스 봤어요?

パク はい、見ました。家に住めなくなったりしたら、本当に大変ですよね。
네, 봤어요. 집에 살 수 없게 되거나 한다면 정말 큰일이지요.

田中 フジゲームの経営不振のニュース、見ましたか。
후지게임의 경영 부진에 대한 뉴스 봤어요?

パク はい、見ました。新しいゲームができなくなったりしたら、残念ですよね。
네, 봤어요. 새 게임을 할 수 없게 된다면 아쉽겠네요.

田中 五つ子のニュース、見ましたか。
다섯 쌍둥이에 대한 뉴스 봤어요?

パク はい、見ました。子供が一度に5人も増えたりしたら、寝る暇もなさそうですよね。
네, 봤어요. 아이가 한 번에 다섯 명이나 늘어난다면 잠 잘 시간도 없겠네요.

田中 東京の大雪のニュース、見ましたか。
도쿄에 폭설이 왔다는 뉴스 봤어요?

パク はい、見ました。家に帰れなかったりしたら、次の日困りますよね。 네, 봤어요. 집에 돌아갈 수 없게 되거나 한다면 다음 날 곤란하겠네요.

田中 殺人アメーバのニュース、見ましたか。
살인 아메바에 대한 뉴스 봤어요?

パク はい、見ました。日本でも見つかったりしたら、怖いですよね。
네, 봤어요. 일본에서도 발견되거나 한다면 무섭겠네요.

다케루 있지, 어제 후리소데 대여 회사 뉴스 봤어?
유이 봤어, 봤어! 성인식 당일에 폐점했다고. 너무 한다. 재정 상태가 나쁘다는 건 전부터 알고 있었을 텐데.
다케루 응. 뉴스 인터뷰에서 우는 사람도 있었어. 지금쯤 자기가 고른 후리소데를 입고 성인식을 하러 가고 있었을 텐데 라면서.
유이 정말 안 됐어. 성인식 날에 도산…. 누구도 예상 못 하겠지.
다케루 이 뉴스를 보고 가엾게 여긴 옷가게에 특별히 기모노를 대여해 주거나 한 곳도 있다나봐.
유이 그렇구나. 다행이다. 자기가 고른 게 아니어서 복잡한 기분이겠지만….

1 ① 成人式当日に閉店したって
② 成人式に向かってるはずだった
③ 着物のレンタルをしたりした

2 ① 経済状態が悪いことは、前から分かってたはずだからです。
② (着物が借りられたことは良かったけれど、)自分で選んだものじゃないから複雑な気分だろうと言っています。

회화 마스터

새리 아, 가토 씨, 안녕하세요.
가토 새리 씨, 안녕.
새리 왠지 기운이 별로 없어 보이시는데, 몸이 안 좋으세요?
가토 아니, 몸은 괜찮은데 어제 아들이랑 좀 싸워서.
새리 아드님은 지금 회사원이라고 하셨던가요?

가토 응, 맞아. 전에 얘기했었나? 그래서 그 아들 말인데, 결혼 상대는 아직 없냐고 물은 게 잘못이었나 봐. 뉴스에서 생애미혼율이 급상승했다고 하고, 앞으로도 오를 거라고 들어서 그만.

새리 그러셨구나. 한국에서도 결혼율이 낮아서 화제에요.

가토 좀 더 적극적으로 만나보라는 의미로 결혼 상대 찾아보는 게 어때?라고 말해 봤는데, 지금은 일로 머리가 꽉 차 있다나봐. 일에 집중하고 있는 동안에 좋은 사람은 점점 결혼해 버리잖아. 아, 푸념해서 미안.

새리 아니에요. 여러 가지로 힘드시겠어요.

말하기 마스터

○

① 写真を撮っている間に財布を盗まれたみたいです。

② 電車の中で寝ている間に財布を盗まれたみたいです。

③ お店の外で電話をしている間に財布を盗まれたみたいです。

○

① 外で作業をしたら日に焼けるだろうと思って、日焼け止めを持ってきました。

② 料理が多くて全部食べ切れないだろうと思って、タッパーを持ってきました。

○

① キム 来週のミーティング、田中さんも参加予定でしたっけ? 다음 주 회의에 다나카 씨도 참석할 예정이었던가요?

佐藤 あれ、私、メールしませんでしたっけ? 来週は来られないって。 어라? 제가 메일 보내지 않았나요? 다음 주에는 못 온다고요.

② キム 来週のミーティング、会議室を予約しましたっけ? 다음 주 회의, 회의실을 예약했던가요?

佐藤 あれ、私、メールしませんでしたっけ? 田中さんが昨日予約してくれたって。 어라? 제가 메일 보내지 않았나요? 다나카 씨가 어제 예약해 주었다고요.

○

① 佐藤 あれ? 今日って、みんなで飲み会に行く日でしたっけ? 어라? 오늘 다같이 회식하러 가는 날이었던가요?

キム あ、そういえば、佐藤さんが風邪で休んでいる間に変更があったんです。連絡を忘れていて、本当に申し訳ありません。 아, 그러고 보니 사토 씨가 감기로 쉬고 있던 중에 변경이 있었어요. 연락을 잊어버려서 정말 죄송합니다.

佐藤 分かりました。次からは気をつけてください。 알았어요. 다음부터는 주의해 주세요.

② 佐藤 あれ? 今日って、うちの部署に社長が来る日でしたっけ? 어라? 오늘 우리 부서에 사장님이 오는 날이었던가요?

キム あ、そういえば、佐藤さんが別のフロアで作業をしている間に変更があったんです。連絡を忘れていて、本当に申し訳ありません。 아, 그러고 보니 사토 씨가 다른 층에서 작업을 하고 있던 중에 변경이 있었어요. 연락을 잊어버려서 정말 죄송합니다.

佐藤 分かりました。次からは気をつけてください。 알았어요. 다음부터는 주의해 주세요.

○

김 어라, 오늘 비 예보가 있었나요? 저 우산 안 가져왔어요.

사토 괜찮아요. 뉴스 일기예보에서는 도쿄는 오늘 하루 종일 비가 오지 않을 거라고 했으니까요. 이 우산은 그저께 비가 왔을 때 다나카 씨에게 빌린 거에요. 돌려주는 걸 잊어버리지 않도록 오늘 가지고 왔어요.

읽기 마스터

아나운서의 일본어

일본어 뉴스를 듣다가 '어라? 이렇게 발음했던가?' '자주 듣는 일본어와 다르다' '내가 쓰는 일본어는 잘못된 것일까?'라고 생각한 사람은 없나요? 뉴스에서 사용되는 일본어에 대해 일본인들 사이에서도 자주 화제가 되는 것에 'じっぷん'과 'じゅっぷん'이 있습니다. 뉴스에서는 'じっぷん'이 많이 쓰이고 있는데 일상생활에서는 거의 사용되지 않아서, 어째서 뉴스에서만 사용되는 것인지 의문스럽게 생각하는 사람이 있는 모양입니다. 그럼 어째서 뉴스에서는 'じっぷん'이라는 발음이 사용되는 것일까요? 실은 '十'라는 한자를 사전에서 찾아보면 'じゅう·じっ·とお·と' 이렇게 4개의 발음 밖에 없습니다. 실제로 옛날에는 '十分'을 'じっぷん'이라고 발음했고 그게 현재에도 올바른 발음 방법으로 남아있는 것입니다. 말은 시대와 함께 변해가는 것입니다. 'じゅっぷん'이 일상생활에서 많이 사용되고 있는 동안에 올바르다고 하는 발음이 변해서, 뉴스에서도 'じゅっぷん'이 쓰이게 될 지도 모릅니다.

① よく聞く日本語ではない

② 「十」という漢字を辞書で調べると、「じゅう・じっ・とお・と」の四つの発音しかないと書かれています。

③ 「じゅっぷん」が日常生活で多く使われている間に正しいとされる発音が変わり、ニュースでも「じゅっぷん」が使われるようになるかもしれません。

8 悩みの相談

회화 워밍업

F 왜 그래요? 기운이 없어 보이네요.
M 실은 요즘 옆집 사람이 밤 늦게까지 시끄럽게 해서 잠이 부족하거든요.

田中 最近、元気ありませんね。どうしたんですか。요즘 기운이 없어보이네요. 무슨 일 있어요?

パク 実は、友達とけんかをしたせいで、2週間ずっと話をしていないんです。
실은, 친구랑 싸운 탓에 2주 동안이나 말을 안 하고 있거든요.

実は、テスト勉強で3日間徹夜をしているせいで、とても眠いんです。실은, 시험 공부 때문에 3일 동안 밤을 새운 탓에 무척 졸립거든요.

実は、週末、朝から晩までアルバイトをしているせいで、疲れているんです。실은, 주말에 아침부터 밤까지 아르바이트를 하고 있는 탓에 피곤하거든요.

実は、先週、寒い日に薄着で出かけたせいで、風邪気味なんです。실은, 지난주에 추운 날에 얇은 옷으로 외출한 탓에 감기 기운이 있거든요.

実は、成績のことで親に怒られたせいで、落ち込んでいるんです。실은, 성적 때문에 부모님에게 혼난 탓에 침울해져 있거든요.

유이	무슨 일 있어? 기운이 없는것 같은데?
다케루	응, 조금. 요즘 취직 활동 때문에 밤에 전혀 잠을 잘 수가 없어.
유이	취직 활동? 나라도 괜찮다면 상담해줄게. 무슨 일 있었어?
다케루	응. 지난주에 같이 취업 설명회에 갔었잖아. 그때부터 내가 정말 하고 싶은 일이란 뭘까, 나에게 맞는 일이란 뭘까, 하고 고민이 되어서….
유이	그랬구나. 확실히 앞으로에 대해 생각하면 불안해지지.
다케루	유이는 가고 싶은 회사 벌써 정했어?
유이	음, 실은 아직 고민하고 있어. 좀 더 설명회에 참석해서 여러 기업의 이야기를 들은 후에 결정할까 싶어서.

1 ① 私でよかったら相談に乗るよ
② 自分に合う仕事って何だろう
③ 行きたい会社、もう決まってる

2 ① 就活のせいで、夜全然眠れないからです。
② もっと説明会に参加して、いろんな企業の話を聞いてから決めようと思っているからです。

회화 마스터

새리	저, 일본의 무역회사에서 일하고 싶은데요, 지금 입사지원서 내용으로 고민하고 있어요. 영어는 조금 자신이 있는데 그 외에 무엇을 어필하면 좋은지 모르겠어서. 역시 뭔가 자격증을 새로 따는 게 좋을까요?

나오토 음, 특별히 일본의 취직 활동은 스펙이라든가 가지고 있는 자격증 자체를 어필하는 게 아니거든. 우선은 자기 분석을 해서 자신의 장점이나 단점, 학창시절에 열심히 한 일 등을 정리해 보는 게 중요하다고 생각해. 자기 스스로에 대해 잘 파악하지 못하고 있는데 어필하는 건 무리잖아.

새리 자기 분석이요? 스펙만 생각하느라 그거에 대해서 별로 생각하지 않았어요.

나오토 업계 연구나 기업 연구를 할 때에도 자기 분석이 중요해. '자신'과 '지망하는 기업이나 업계'의 관계성까지 설명해야 하거든.

새리 선배의 얘기를 들으면 들을수록 자기 분석의 중요성을 통감해요.

나오토 실은 나도 처음엔 자기 분석을 제대로 하지 않아서 꽤 고생했어. 수정한 입사지원서 봐 주길 원하면 또 연락해.

말하기 마스터

○

① 大声で怒るなんて、いつもの田中さんらしくなかったね。

② みんなの前で泣くなんて、いつもの田中さんらしくなかったね。

③ 緊張で何も話せないなんて、いつもの田中さんらしくなかったね。

○

① その商品、見れば見るほどもっと欲しくなりますね。

② その商品、考えれば考えるほどもっと欲しくなりますね。

○

① キム あの、もしよかったら、一緒にアイデアを考えてほしいんですけど…。今日の午後、時間ありますか。
저, 혹시 괜찮으시면 같이 아이디어를 생각해주었으면 하는데…. 오늘 오후에 시간 있어요?

佐藤 はい、いいですよ。네, 괜찮아요.

② キム あの、もしよかったら、アンケートに答えてほしいんですけど…。今日の午後、時間ありますか。
저, 혹시 괜찮으시면 설문조사에 답해주었으면 하는데…. 오늘 오후에 시간 있어요?

佐藤 はい、いいですよ。네, 괜찮아요.

○

① 佐藤 こんなに料理が上手だったなんて、知りませんでした。이렇게 요리를 잘했다니, 몰랐어요.

キム 実力はまだまだですが、手間をかければかけるほどおいしくなるので、楽しいですよ。
실력은 아직이지만 품을 들이면 들일수록 맛있어져서 즐거워요.

佐藤 いいですね。今度、時間がある時でいいので、何か料理を作ってほしいです。
좋네요. 다음에 시간 있을 때라도 좋으니까 뭔가 요리를 만들어줬으면 좋겠어요.

キム もちろんです！ 물론이죠!

② 佐藤 よくマラソン大会に出場していたなんて、知りませんでした。
마라톤 대회에 자주 출전하고 있었다니, 몰랐어요.

キム 実力はまだまだですが、走れば走るほどいいタイムが出るので、楽しいですよ。
실력은 아직이지만 달리면 달릴수록 좋은 기록이 나와서 즐거워요.

佐藤 いいですね。今度、時間がある時でいいので、私の走るフォームをチェックしてほしいです。좋네요. 다음에 시간 있을 때라도 좋으니까 제 달리는 폼을 체크해줬으면 좋겠어요.

キム もちろんです！물론이죠!

○

하루카 이 불고기 가게, 광고할 때에 이렇게 저렴해지다니 정말 놀랐어.

료타 평소 가격이라면 비싸서 올 수 없지만, 이 가격에 이 맛이라면 또 오고 싶어. 또 광고를 할 거라면 시기를 알려줬으면 좋겠다.

하루카 이 어플에 등록하면 가르쳐 준다나 봐. 얼른 등록해두자!

읽기 마스터

고민은 아침에 하자
대부분의 사람은 혼자 있는 시간, 특히 자기 전 등에 고민을 하는 경우가 많지 않을까요? 제목을 보고 아침에 고민을 한다니, 하루 종일 어두운 기분이 되는 게 아닌지 생각하는 사람도 있을지도 모르겠습니다. 밤이 아닌 아침에 고민을 하는 게 좋은 이유는 두 가지 있습니다. 첫 번째는 밤에 고민을 하면 더욱 부정적인 기분이 되기 때문입니다. 밤은 하루의 마지막으로 하루 동안의 활동으로 몸도 머리도 지쳐있습니다. 그런 상태라면 고민에 대해 생각하면 생각할수록 점점 부정적인 기분이 되어서 좋은 해결책이 떠오르지 않겠죠. 두 번째는 아침에 고민을 하면 정해진 시간 동안 생각할 수 있기 때문입니다. 아침이라는 시간은 통학이나 출근으로 바쁜 시간이기도 합니다. 정해진 시간 속에서 결론이나 해결책을 찾아내려고 하기 때문에 질질 끌며 생각할 여유는 없습니다. 또 끝낼 시간을 정해두는 것으로 효율적으로, 그리고 논리적으로 사고할 수 있습니다. 여러분 주변에 고민하고 있는 사람이 있다면, 아침에 고민을 하는 장점을 꼭 가르쳐 주시기 바랍니다.

① 寝る前などの一人でいる時間
② 悩み事について考えれば考えるほど、どんどんネガティブな気持ちになってしまうからです。
③ 朝に悩み事をするメリットを是非教えてあげてほしいと言っています。

9 大学時代の思い出

회화 워밍업

M　지금 막 작년 동아리 여행 사진을 다 정리한 참인데, 재밌는 사진이 많이 나왔어요.
F　보여주세요! 정말이네! 재밌네요. 나도 얼른 정리해야지.

○

パク　今、サークルのダンス大会の映像を編集したところなんですが、ちょっと見てみませんか。
지금 막 동아리 댄스 대회의 영상 편집을 마친 참인데, 좀 볼래요?

田中　はい、是非。わ～、上手ですね！ 네, 꼭이요. 우와~ 잘 하네요!

パク　今、学園祭の写真をSNSにアップしたところなんですが、ちょっと見てみませんか。
지금 막 학교 축제 사진을 SNS에 업로드한 참인데, 좀 볼래요?

田中　はい、是非。わ～、おいしそうな料理ですね!
네, 꼭이요. 우와~ 맛있어 보이는 요리네요!

パク　今、旅行で泊まるホテルをいくつか選んだところなんですが、ちょっと見てみませんか。
지금 막 여행에서 묵을 호텔을 몇 개인가 골라본 참인데, 좀 볼래요?

田中　はい、是非。わ～、どのホテルもインテリアが素敵ですね！ 네, 꼭이요. 우와~ 어느 호텔이나 인테리어가 멋지네요!

パク　今、課題で描いた絵をアルバムにしたところなんですが、ちょっと見てみませんか。
지금 막 과제로 그린 그림을 앨범으로 만든 참인데, 좀 볼래요?

田中　はい、是非。わ～、繊細な色合いの絵ですね!
네, 꼭이요. 우와~ 섬세한 색조의 그림이네요!

パク　今、卒業パーティーの計画を立てたところなんですが、ちょっと見てみませんか。
지금 막 졸업 파티 계획을 세운 참인데, 좀 볼래요?

田中　はい、是非。わ～、楽しみですね！
네, 꼭이요. 우와~ 기대되네요!

○

유이　있잖아, 지난달 동아리 여행 사진 정리 다 했어? 빨리 보고 싶은데.
다케루　끝났어. 마침 어제 동아리 블로그에 다 올린 참이야.
유이　우와! 빨리 봐야겠다. 어라? 단체로 찍은 사진 밖에 없어.
다케루　뭐?? 전부 올렸으니까 잘 찾아봐. 개인사진 카테고리에 넣었을 텐데.
유이　아, 있다! 많이 찍었다. 이거 편집하는 거 힘들었겠다.
다케루　응, 아주. 이런 이상한 얼굴인 사진 올리지 말라고 화낼거 같아서 한 장 한 장 골라서 올려야 했어서 3시간이나 걸렸어.

유이	잠깐! 이 사진에 찍혀 있는 내 얼굴, 눈 감고 있어서 이상한데.

1 ① アップし終わったところ
② カテゴリーに入れたはずだけど
③ 変な顔の写真載せるな

2 ① 団体で撮った写真しかないと言いました。
② (変な顔の写真を載せて怒られないように)一枚一枚選んでアップしなくてはいけなかったからです。

회화 마스터

새리	지금 입사지원서에 '학창시절에 빠졌던 일'을 적고 있는데, 아이 씨는 대학생 때 뭐가 제일 즐거웠어요?
아이	음, 역시 여행일까? 아르바이트로 돈을 모아서 여기 저기 갔었지.
새리	여행을 통해 뭔가 달라졌어요?
아이	음, 처음 만나는 사람과도 가볍게 얘기를 할 수 있게 된 것?
새리	어, 예전에는 사교적인 성격이 아니었어요?
아이	응, 고등학교 때까지는 반 친구들한테도 긴장해서 친한 친구들 외에는 그다지 얘기하지 않도록 했던 것 같아.
새리	그랬구나. 지금의 아이 씨로는 전혀 상상할 수 없어요.
아이	하하하. 혼자서 여행도 몇 번이나 해서 자신이 생긴 것도 영향이 있었는지도. 그리고 해외에서 길을 헤매고 있을 때 현지 사람이 친절하게 대해 준 일도 있고. 그 이후로 외국 사람과 말하는 게 무섭지 않아졌어. 그 뒤로는 여행지에서도 내가 먼저 말을 걸도록 했는데, 현지인이 관광객이 적은 명소를 알려주기도 했어. 정말 즐거웠지.

말하기 마스터

○

① 昔はよく、遅刻をして先生に怒られたな。
② 昔はよく、風邪をひいて、何日も寝込んだな。
③ 昔はよく、友達と朝までゲームをやり続けたな。

○

① 子供がスプーンを使って一人で食べられるようになりました。
② 子供がおとなしく座って食事ができるようになりました。

○

① 佐藤　健康のために、最近、お酒を飲まない日を作るようにしているんです。
건강을 위해서 요즘 술을 마시지 않는 날을 만들려고 하고 있어요.
キム　そうなんですね。私も最近、お酒を飲みすぎないようにしています。
그렇군요. 저도 요즘 술을 너무 많이 마시지 않도록 하고 있어요.

② 佐藤　健康のために、最近、お風呂でしっかり疲れをとるようにしているんです。
건강을 위해서 요즘 목욕으로 피로를 확실히 풀려고 하고 있어요.
キム　そうなんですね。私も最近、ストレスをためないようにしています。
그렇군요. 저도 요즘 스트레스를 쌓아두지 않도록 하고 있어요.

○

① 母　前はよく約束の時間に遅れていたのに、変わったわね。 전에는 약속 시간에 자주 늦더니 달라졌네.
私　そりゃあ、まあ、大学生の頃とは違うよ。
그야, 뭐, 대학생 때하고는 다르니까.
母　就職してからは、自分のスケジュールがちゃんと管理できるようになったってわけね。
취직하고 나서부터는 자기 스케줄을 제대로 관리할 수 있게 됐다는 거구나.
私　いや～私も成長したな。 이야~ 나도 성장했구나.

② 母　前は料理をする時にけっこう時間がかかっていたのに、変わったわね。
전에는 요리할 때 꽤 시간이 걸리더니 달라졌네.
私　そりゃあ、まあ、大学生の頃とは違うよ。
그야, 뭐, 대학생때하고는 다르니까.
母　就職してからは、自炊を始めて短時間でも

おいしい料理が作れるようになったってわけね。취직하고 나서부터는 자취를 시작해서 짧은 시간 안에 맛있는 요리를 만들 수 있게 됐다는 거구나.

私　いや～私も成長したな。이야~ 나도 성장했구나.

김　요즘 백화점에 안 가네요?

사토　네. 지난달에 쇼핑으로 돈을 너무 많이 써서 이번 달에는 백화점에 가지 않도록 하고 있어요. 멋진 것을 보면 사고 싶어지니까요. 충동적으로 사고 싶어지는 마음을 스스로 억누를 수 있게 될 때까지는 의식적으로 참아야죠.

읽기 마스터

학창 시절에 빠져 있던 것

'학창 시절에 빠져 있던 것'이라는 질문이 입사지원서에서 자주 나오는 이유는 아래의 3가지를 통해 그 사람의 성격이나 가치관을 알 수 있기 때문입니다. 우선 '왜, 어째서 열심히 했는가'라는 기술을 통해 지원자가 무엇을 중요하게 생각하고 있는가라는 가치관을 알 수 있습니다. 다음으로 '어떻게 그것에 빠졌는가'라는 기술을 통해 지원자가 문제에 직면했을 때 취할 대책이나 궁리, 그리고 문제에 당면했을 때의 행동력을 엿볼 수 있습니다. 마지막으로 '노력한 일로 얻은 것'에 대한 기술에서 지원자가 얻은 성과를 어떻게 받아들였는가를 알 수 있습니다. 실제로 입사지원서를 쓸 때에는 '동아리 활동이 재미있었다'와 같이 막연한 내용을 언급하는 것이 아니라, 앞에서 언급한 3가지를 의식하기 바랍니다. 쓰면 쓸수록 좋아지는 것이 입사지원서입니다. 몇 번이나 쓰는 연습을 하면 납득할 만한 것을 쓸 수 있게 될 것입니다.

① 性格や価値観を知ることができるから

② 応募者が何を重要と考えているかという価値観が分かります。

③ (書けば書くほどよくなるので、) 何度も書く練習をすれば納得のいくものが書けるようになると言っています。

10 合同説明会に行く準備

회화 워밍업

F1　내일 바겐세일에 갈 예정인데 뭔가 신경 써야 할 게 있나요?

F2　피곤해지기 쉬운 신발은 신지 말고, 운동화 같은 편한 신발을 신고 가는 편이 좋을 것 같아요.

田中　明日バーゲンセールに行く予定なんですが、何か気をつけることがありますか。
내일 바겐세일에 갈 예정인데 뭔가 신경 써야 할 게 있나요?

パク　脱ぎにくい服は着ないで、カーディガンなどの脱ぎやすい服を着たほうがいいと思いますよ。
벗기 힘든 옷은 입지 말고, 카디건처럼 벗기 쉬운 옷을 입는 편이 좋을 것 같아요.

いい服が残っていない最終日には行かないで、バーゲン初日に行ったほうがいいと思いますよ。좋은 옷이 남아 있지 않는 마지막 날에는 가지 말고, 세일 첫날에 가는 편이 좋을 것 같아요.

いつもあまり着ない服では出かけないで、普段よく着る服で出かけたほうがいいと思いますよ。평소에 잘 안 입는 옷을 입고 가지 말고, 자주 입는 옷을 입고 가는 편이 좋을 것 같아요.

見た目でサイズを判断しないで、試着してサイズが合っているか確認したほうがいいと思いますよ。눈으로 보고 사이즈를 판단하지 말고, 입어 봐서 사이즈가 맞는지 확인하는 편이 좋을 것 같아요.

値引率の高さに浮かれないで、本当に必要なものかどうか考えてから買ったほうがいいと思いますよ。할인율이 높은 데에 들뜨지 말고, 정말로 필요한 것인지 아닌지 생각하고 나서 사는 편이 좋을 것 같아요.

다케루　드디어 이번 주 금요일에 면접이야. 긴장되네.

유이　얘기하는 내용이 물론 가장 중요하지만, 복장도 최소한의 신경을 써야지.

다케루 회사 설명회 때는 군청색 넥타이를 하고 갔는데, 군청색은 너무 무난한가? 군청색이라도 무늬가 크면 눈에 띄어서 좋을까?
유이 큰 무늬가 있는 넥타이는 고르지 말고, 작은 무늬나 줄무늬 등이 좋을 것 같아.
다케루 그런가? 그럼 정열적으로 보이기 위해서 빨강은 어때?
유이 음, 빨강은 조금 화려할지도 몰라. 어두운 빨강이라면 괜찮을지도. 넥타이도 그렇지만, 와이셔츠나 정장도 주름이 없는지 확인하는 거 잊지 마.

1 ① ネクタイは選ばないで
② 情熱的に見せるために
③ 忘れないように

2 ① 話す内容が一番大切だと言っています。
② 赤色のネクタイは少し派手かもしれないからです。

회화 마스터

새리 아이 씨, 다음 주 토요일에 합동 기업 설명회에 가는데 어떤 복장으로 가면 좋을까요?
아이 팸플릿에 복장에 관해서 뭐라고 안 써 있었어?
새리 복장은 자유라고 써 있어요. 하지만 자유라고 하면 더 고민이 돼서.
아이 그럼 무난하게 정장을 입고 가는 게 좋을 것 같아. 사복이라고 써 있었으면 정장이 아닌 편이 좋을 것 같지만.
새리 그럼 정장을 입고 갈게요.
아이 맞다. 설명을 듣고 싶은 기업은 정했어?
새리 네. 몇 군데 기업에 대해서는 홈페이지에서 체크해 뒀어요.
아이 그럼 질문하고 싶은 내용도 정리해 두면 좋아. 당일에 얘기를 들으면서 생각하면 얘기가 머리에 들어오지 않으니까.
새리 알겠어요. 합동 기업 설명회는 사전 준비도 중요하네요.
아이 아, 그리고 기본적인 것이지만 인사도 중요해. 인사를 할 줄 모르는 사람이나 매너가 나쁜 사람은 처음부터 채용하지 않도록 한다고 들은 적이 있거든.

말하기 마스터

○

① 本日は、避難訓練の流れに関して、詳しくお話します。
② 本日は、来年度の高校入学試験に関して、詳しくお話します。
③ 本日は、健康を保つために気をつけなければならないことに関して、詳しくお話します。

○

① 節約のために、使わない電気はすぐ消すことにしています。
② 日本語の上達のために、分からない言葉があったらすぐ辞書で調べることにしています。

○

① 私 疲れた～！ 피곤하다~!
母 勉強大変ね。お風呂、沸かしてあるわよ。入って、少し休んだら？ 공부 힘들지? 목욕물 받아 뒀어. 들어갔다가 조금 쉬는게 어때?
② 私 眠い～！ 졸려~!
母 勉強大変ね。コーヒー、いれてあるわよ。飲んで、少し休んだら？ 공부 힘들지? 커피 내려놨어. 마시고 조금 쉬는게 어때?

○

① りょうた この授業、学期末にＩＴ関係の会社員にインタビューをしなくちゃいけないんだよね？ 이 수업, 학기말에 IT 관련 회사원 인터뷰를 해야 되지?
はるか うん、そうだよ。私はもうＩＴ企業に勤めている先輩の連絡先、まとめてあるよ。 응, 맞아. 나는 벌써 IT 기업에서 근무하는 선배 연락처 모아뒀어.
りょうた え？ そうなの？ よかったら、それ、見せてくれない？ 어? 그래? 괜찮으면 그거 보여 줄 수 있어?
はるか う～ん、ごめん。私、人の個人情報は他の人に教えないことにしてるんだ。

음, 미안. 나는 남의 개인 정보는 다른 사람에게 가르쳐 주지 않도록 하고 있거든.

② りょうた　この授業、学期末に海の絵を描いて提出しなくちゃいけないんだよね？
이 수업, 학기말에 바다 그림을 그려서 내야 되지?

はるか　うん、そうだよ。私はもう週末海に行って下描きをしたし、絵具も買ってあるよ。
응, 맞아. 나는 주말에 바다에 가서 스케치하고 물감도 사뒀어.

りょうた　え？ そうなの？ よかったら、それ、見せてくれない？
어? 그래? 괜찮으면 그거 보여 줄 수 있어?

はるか　う～ん、ごめん。私、絵は完成してから人前に出すことにしてるんだ。
음, 미안. 나는 그림은 완성하고 나서 다른 사람들에게 보이도록 하고 있거든.

사토　김 씨는 장래 꿈을 위해서 준비해 두어야만 하는 것이 있나요?

김　저는 무역 회사에서 일하고 싶기 때문에, 세계 경제나 무역에 관해 공부해 두어야 해요. 그리고 영어도 할 수 있어야 해서 다음 달부터 다닐 영어 학원 등록도 해 두었어요.

읽기 마스터

합동 설명회
규모가 큰 합동 설명회에는 기업이 수 백 곳 모이는 경우도 있습니다. 그 탓에 학생이 많은 기업의 설명을 들을 수 있도록, 어떤 설명회에서는 기업이 한 차례 실시하는 설명을 30분에 마치도록 하고 있다고 합니다. 다만 짧은 시간 동안 진행되는 기업 소개는 내용이 기대한 것이 아닌 경우도 있는 탓에, 가도 피곤하기만 하다고 생각하는 사람도 있을지도 모르겠습니다. 확실히 기업 소개 내용이 이미 자기가 조사한 내용과 거의 같은 경우도 있겠지요. 그때 합동 설명회에서는 1지망 기업을 체크하는 것보다도 잘 모르는 업계, 지망하는 업계에서 모르는 기업, 이름은 알고 있지만 무엇을 하고 있는지 잘 모르는 기업의 설명을 들어보는 것을 추천합니다. 새로운 업계나 기업을 알기에 아주 적당하기 때문입니다. 기업 사람에게 직접 정보를 들을 수 있는 좋은 기회이니, 잘 활용할 수 있다면 좋겠지요. 또 합동 설명회 회장에서는 서류 작성법이나 면접에서 자신을 잘 어필하는 방법에 대해서 가르쳐 주는 강연이 열리는 경우도 있습니다.

① 説明１回を３０分で終わらせている
② 企業紹介の内容が既に自分で調べてある内容とほとんど同じなことがあります。
③ 書類の書き方や面接で上手に自分をアピールする方法に関して教えてくれる講演が行われることもあります。

11 面接練習

회화 워밍업

F　다른 사람의 집을 방문할 때 일본에는 어떤 매너가 있나요?

M　글쎄요. 예를 들면 모자나 장갑, 머플러 등을 푸른 다음에 초인종을 누른다는 매너가 있어요.

パク　お宅を訪問する時、日本にはどんなマナーがありますか。
집을 방문할 때 일본에는 어떤 매너가 있나요?

田中　そうですね。例えば、約束時間は昼食や夕食など食事の時間を避けるというマナーがありますよ。글쎄요. 예를 들면 약속시간은 점심이나 저녁 등 식사 시간을 피한다는 매너가 있어요.

そうですね。例えば、３分や５分など少し遅れて到着するというマナーがありますよ。
글쎄요. 예를 들면 3분에서 5분 정도 조금 늦게 도착한다는 매너가 있어요.

そうですね。例えば、靴下やストッキングなどを着用して行くというマナーがありますよ。
글쎄요. 예를 들면 양말이나 스타킹 등을 착용하고 간다는 매너가 있어요.

そうですね。例えば、玄関では正面を向いてから上がるというマナーがありますよ。
글쎄요. 예를 들면 현관에서는 정면을 향해 들어간다는 매너가 있어요.

そうですね。例えば、靴の向きを直してから端にそろえて置くというマナーがありますよ。
글쎄요. 예를 들면 신발의 방향을 돌려서 가장자리에 정리해 둔다는 매너가 있어요.

○

유이	다케루, 면접에는 익숙해졌어?
다케루	응. 아직 긴장되지만.
유이	면접 때 어떤 점에 신경 쓰고 있어?
다케루	상대방의 눈을 보면서 말을 하는 것이나 맞장구를 치면서 대화를 하는 것일까?
유이	그렇구나. 난 긴장하면 그만 말이 빨라지거든. 이거 좋지 않지?
다케루	그렇지. 또 긴장하고 있으면 상대방이 얘기하는 도중인데 말을 해버리는 일도 있는데, 확실히 상대의 이야기가 끝나기를 기다린 다음에 말하는 것도 중요해.
유이	차분하게 이야기하지 않으면 전하고 싶은 것을 잘 전달할 수 없으니까 말이야.

1 ① 面接には慣れてきた
② 目を見ながら言う
③ 終わるのを待ってから

2 ① 緊張するとつい早口になってしまいます。
② 相手の話が途中なのに、話し始めてしまうこともあると言っています。

회화 마스터

새리	(똑똑똑) 실례하겠습니다. (문을 닫고 의자를 향한다)
나오토	잠깐 기다려. 면접관에게 등을 보여도 좋으니까 문을 향해서 닫아야 해. 그리고 문을 닫은 다음에 뭐 잊은 거 없어?
새리	아, 맞다! 문을 닫은 다음에 '실례합니다'라고 한 다음에 의자 쪽으로 가는 거죠?
나오토	맞아. 작은 부분이지만 면접 매너이니까 잊지 않도록!
새리	실례합니다. 한국대학 국어국문학과 4학년의 김새리입니다. 오늘 잘 부탁 드립니다.
나오토	앉으세요.
새리	실례하겠습니다.
나오토	응, 여기까지는 잘 했어. 앉을 때 앉으라고 할 때까지 기다렸고, 그리고 인사할 때 밝고 명확하게 말할 것! 그것만으로 인상이 꽤 달라지니까. (연습이 끝나고)
새리	오늘은 함께 해 주셔서 정말 고마워요. 선배에게는 정말 신세만 지네요.
나오토	정식으로 취업하면 맛있는 거 사 줘.

말하기 마스터

○

① 遊んだおもちゃを出しっぱなしにしてはいけません。
② 電気をつけっぱなしにしてはいけません。
③ 水道の水を流しっぱなしにしてはいけません。

○

① アルバイトの時、笑顔を忘れないようにとよく注意されました。
② 陸上クラブに入っていた時、必ずストレッチをするようにとよく注意されました。

○

① キム　佐藤さんの家族の決まりを一つ教えてください。사토 씨 가족의 규칙을 하나 가르쳐 주세요.
佐藤　え～と、「お風呂に最後に入った人は湯船を洗うこと」って決まりがありますよ。
음, '마지막으로 목욕한 사람이 욕조를 청소할 것'이란 규칙이 있어요.

② キム　日本の食事のマナーを一つ教えてください。
일본의 식사 예절을 하나 가르쳐 주세요.
佐藤　え～と、「お茶碗を持って食べること」ってマナーがありますよ。
음, '밥그릇을 들고 먹도록'이란 예절이 있어요.

○

① 母　ちょっと！部屋の電気をつけっぱなしにしないで、きちんと消しておくように！
얘! 방에 불을 켜 놓은 채로 두지 말고 제대로 꺼야지!

私　あ、ごめん。すぐやるよ。아, 미안. 바로 할게.
母　それから、机の上のコップは洗っておくこと。
그리고 책상 위의 컵은 씻어 둬야지.
私　あ、それは今から飲むの！ 아, 그건 지금 마실 거야!
② 母　ちょっと！ 本を読んだら出しっぱなしにしないで、きちんと本棚に戻しておくように！
얘! 책을 읽었으면 꺼내 두지 말고 제대로 책장에 갖다 놔야지!
私　あ、ごめん。すぐやるよ。아, 미안. 바로 할게.
母　それから、この読まない本は古本屋に売りに行くこと。그리고 이 안 읽는 책은 헌책방에 팔아.
私　あ、それは今から読むの！ 아, 그건 이제 읽을 거야!

○

사토　김 씨는 고치고 싶은 버릇이 있나요?
김　저는 화장을 한 채로 자 버리는 버릇이 있어서, 고쳐야 한다고 생각하고 있어요. 잡지나 텔레비전에서 피부에 아주 나쁘니까 화장을 한 채로 자지 않도록 자주 얘기하는 걸 보는데, 피곤하면 얼굴을 씻지 않고 자 버려요.

읽기 마스터

면접에서 주의해야 할 것
면접을 볼 때의 주의점으로 이런 것을 들어본 적은 없나요? '사전에 가는 방법 등을 알아봐 두고 약속시간 10~15분 전에 면접장에 도착할 것', '코트는 건물에 들어오기 전에 벗어서 손에 들도록', '휴대전화의 전원을 켜놓은 채로 면접을 보지 않도록'. 면접이 시작되기 전부터 매너를 지키고 있는지 평가받습니다. 그럼 면접 중에는 어떤 점에 신경을 쓰면 좋을까요? 시선이나 자세 등에 주의하는 한편, 함께 면접을 보는 학생이 있는 경우에는 자기 이외의 학생의 발언도 들어 둡시다. 다른 학생의 의견에 대한 당신의 의견을 물어보는 경우도 있기 때문입니다. 또 상대의 질문에 대해 자신의 대답이 어긋나 있지 않은지, 대답이 결과적으로 자기 어필이 되었는지 어떤지 등에도 신경을 쓰면 좋겠습니다. 면접 후에는 면접을 보고 마는 것이 아니라 잘한 점이나 개선이 필요한 점을 정리할 것. 그렇게 함으로써 다음 면접에서는 더욱 자신을 잘 어필할 수 있게 되겠죠.

① 1時間前に会場に着く
② 他の学生の意見に対する自分の意見を聞かれることもあるからです。
③ 面接を受けっぱなしにするのではなく、うまくできたところや改善が必要なところを整理しておくといいです。

12 内定をもらった報告

회화 워밍업

F　실은 저, 퀴즈에 응모해서 노트북이 당첨됐어요!
M　그거 대단하네요. 그러고 보니 박 씨는 새 노트북을 사고 싶어 했잖아요. 마침 잘 됐네요.

○

田中　この前、クイズに応募したんですけど、なんと温泉旅行が当たりました！ 얼마 전에 퀴즈에 응모했는데 세상에, 온천여행이 당첨됐어요!
パク　わ～！ 本当ですか。最近田中さん、温泉に行きたがっていましたし、ちょうどよかったですね。우와~! 정말이요? 요즘 다나카 씨 온천에 가고 싶어하더니 마침 잘 됐네요.

田中　この前、クイズに応募したんですけど、なんと映画のペアチケットが当たりました！
얼마 전에 퀴즈에 응모했는데 세상에, 영화 티켓 2장이 당첨됐어요!
パク　わ～！ 本当ですか。最近田中さん、映画館で映画を見たがっていましたし、ちょうどよかったですね。우와~! 정말이요? 요즘 다나카 씨 영화관에서 영화 보고 싶어하더니 마침 잘 됐네요.

田中　この前、クイズに応募したんですけど、なんと圧力鍋が当たりました！ 얼마 전에 퀴즈에 응모했는데 세상에, 압력 냄비가 당첨됐어요!
パク　わ～！ 本当ですか。最近田中さん、本格的な料理を作りたがっていましたし、ちょうどよかったですね。

우와~! 정말이요? 요즘 다나카 씨 본격적인 요리를 하고 싶어하더니 마침 잘 됐네요.

田中 この前、クイズに応募したんですけど、なんと自転車が当たりました！
얼마 전에 퀴즈에 응모했는데 세상에, 자전거가 당첨됐어요!

パク わ～！本当ですか。最近田中さん、運動不足を解消したがっていましたし、ちょうどよかったですね。 우와~! 정말이요? 요즘 다나카 씨 운동 부족을 해소하고 싶어하더니 마침 잘 됐네요.

田中 この前、クイズに応募したんですけど、なんとキャンプの道具が当たりました！
얼마 전에 퀴즈에 응모했는데 세상에,캠핑 도구가 당첨됐어요!

パク わ～！本当ですか。最近田中さん、家族と一緒に自然の多いところに出かけたがっていましたし、ちょうどよかったですね。
우와~! 정말이요? 요즘 다나카 씨 가족이랑 같이 야외로 나가고 싶어하더니 마침 잘 됐네요.

○

유이	다케루, 내정 축하해! 결정된 거, 희망한 기업이지?
다케루	고마워. 여러 기업의 면접에 몇 번이나 떨어졌을 때에는 정말 괴로워서 이제 어디든 상관없으니까 내정을 받고 싶다고 생각한 시기도 있었지만.
유이	하지만 포기하지 않고 취직 활동을 계속한 다케루의 끈기가 이 결과로 이어진 거지. 여름이 되기 전에 취직처를 결정하고 싶어 하더니 6월에 정해져서 잘됐다.
다케루	응. 회사원이 되면 장기간 여행은 어려울 것 같으니까 가능하면 대학생 마지막 여름 방학에 가 본 적 없는 여러 나라를 여행하고 싶어서.
유이	나도 다케루의 끈기를 보고 배워서 가을이 지나기 전에는 내정 받았으면 좋겠다.

1 ① 希望してた企業だったよね
② 決めたがってたけど
③ 秋が過ぎるまでには

2 ① もうどこでもいいから内定が欲しいと思っていました。
② 行ったことのないいろんな国を旅行したいと考えています。

회화 마스터

새리	나오토 선배! 지금 막 연락을 받았는데 저 무사히 내정을 받았어요! 나오토 선배가 조언해 준 덕분이에요. 정말 고마워요.
나오토	내정 축하해. 뭐, 내 덕분이라기 보다 새리가 열심히 했기 때문이라고 생각하는데.
새리	유명한 대기업만 보지 말고 시야를 넓힌 게 좋았는지도 모르겠어요.
나오토	그럼 4월부터 신입사원이네. 그렇지만 여름방학에는 다시 한국에 돌아가지?
새리	네. 한국에 돌아가면 남아 있는 학점을 전부 따고 졸업이에요. 남은 반년 마지막 대학 생활을 즐긴 다음에 다시 일본에 올게요.
나오토	한국에서 잔뜩 충전하고 오는 거구나. 일을 시작하게 되면 보람 있는 일 뿐만 아니라 힘든 일도 여러 가지 있을 테니 또 뭔가 상담하고 싶은 일이 있으면 가벼운 마음으로 연락해.
새리	고마워요. 늘 도움만 받네요. 오늘은 약속 대로 제가 맛있는 거 살게요!

말하기 마스터

① 木村さん、就職先が決って嬉しそうに話していましたよ。
② 木村さん、足を怪我して痛そうに歩いていましたよ。
③ 木村さん、彼氏ができて幸せそうにデートをしていましたよ。

○

① 外で遊んでばかりいないで、部屋を片付けなさい。
② マンガを読んでばかりいないで、部屋を片付けなさい。

○

① **キム** どこかおすすめのお店はありますか。
어디 추천할 만한 가게가 있나요?

佐藤 駅前のイタリア料理のお店がおすすめです。メニューが豊富なだけじゃなく、値段も安いですよ。 역 앞 이탈리아 요리점을 추천해요. 메뉴가 많을 뿐만 아니라 가격도 싸거든요.

② キム　どこかおすすめのお店はありますか。
어디 추천할 만한 가게가 있나요?

佐藤　駅前のイタリア料理のお店がおすすめです。お店のインテリアだけじゃなく、雰囲気もいいですよ。역 앞 이탈리아 요리점을 추천해요. 가게의 인테리어뿐만 아니라 분위기도 좋거든요.

○

① キム　今年の冬に新しくできたばかりのスキー場、行ってみましたか。
올겨울에 새로 생긴 지 얼마 안 된 스키장에 가 봤어요?

佐藤　まだ行っていません。キムさんは行きましたか。아직 안 갔어요. 김 씨는 갔었어요?

キム　はい。先週末、行ってきたんですが、スキー専用ゲレンデだけじゃなく、スノーボード専用ゲレンデもあって、よかったですよ。
네. 지난 주말에 갔었는데, 스키 전용 천연 활주로뿐만 아니라 스노보드 전용 천연 활주로도 있어서 좋았어요.

佐藤　わ～、いいですね。今度、一緒に行きましょう。우와~ 좋네요. 다음에 같이 가요.

② キム　先月改装されたばかりのショッピングセンター、行ってみましたか。
지난달에 막 개장한 쇼핑센터에 가 봤어요?

佐藤　まだ行っていません。キムさんは行きましたか。아직 안 갔어요. 김 씨는 갔었어요?

キム　はい。先週末、行ってきたんですが、おしゃれなショップだけじゃなく、雰囲気のいいカフェもあって、よかったですよ。
네. 지난 주말에 갔었는데, 멋진 상점뿐만 아니라 분위기 좋은 카페도 있어서 좋았어요.

佐藤　わ～、いいですね。今度、一緒に行きましょう。우와~ 좋네요. 다음에 같이 가요.

○

사토　좋아하는 가수나 연예인이 있나요?
김　저는 예전부터 가수 SERI를 좋아했어요. SERI는 노래와 춤을 잘할 뿐만 아니라 연기도 잘해요. 최근까지 방송한 드라마에도 나왔어요. 그리고 SERI는 아주 즐거운 듯이 노래하는 것도 매력적이에요. 보는 사람까지 즐거운 기분이 들게 해요.

읽기 마스터

내정을 받으면
일본의 경우, 최종 면접에 합격하면 기업으로부터 내정을 통지하는 서류가 발송됩니다. 최근에는 채용 활동을 일찍 시작하는 기업이 늘고 있는 탓에, 4학년이 된 지 얼마 되지 않은 봄에 벌써 내정을 받은 학생이 있기도 합니다. 또 복수의 기업으로부터 내정을 받는 학생도 적지 않습니다. 그러나 내정을 여러 곳에서 받았다고 해도 기뻐하고만 있을 수는 없습니다. 기한 내에 기업을 한 곳 정할 필요가 있습니다. 일반적으로 내정을 통지하는 서류와 함께 노동 조건 등이 적힌 서류도 발송됩니다. 노동 시간뿐만 아니라 일의 내용이나 급료 등에 대해서도 서류의 내용을 잘 확인합시다. 설명회나 면접 때 본 사원의 모습을 떠올려 즐겁게 일을 하고 있었는지 등, 기업의 분위기도 검토하면 좋겠지요. 가고 싶은 기업을 정했으면 그 기업에 내정승낙서 등의 서류를 보냅니다. 또한 서류로 내정승낙서를 내지 않고 내정식에 참석해서 그 자리에서 제출하는 경우도 있습니다. 내정식에 참석하면 '이 기업에서 일하게 되는 구나'라는 기분이 강하게 들어 취직 활동을 막 마쳐 실감이 나지 않았던 학생도 의식이 바뀐다고 합니다.

① 4年生になったばかりの春
② 労働時間だけでなく仕事の内容や給料などについてもよく確認した方がいいです。
③ 就職活動を終えたばかりで実感のなかった学生の意識を変えます。

문법 찾아보기

본문에 나오는 문법을 JLPT(일본어능력시험) 급수와 함께 あいうえお 순으로 정리하였습니다.

본문에 나오는 신출 단어를 あいうえお 순으로 정리하였습니다.

あ

단어	뜻	과
相(あい)づちを打(う)つ	맞장구를 치다	11과
相手(あいて)	상대	5과
アイデア	아이디어	8과
ＩＴ(アイティー)	정보 기술	10과
青信号(あおしんごう)	파란불, 청신호	2과
赤(あか)	빨강	10과
あがる	(집·방으로) 들어가다	4과
あきらめる	포기하다	12과
あこがれる	동경하다, 그리워하다	3과
足早(あしばや)に	빠른 걸음으로	12과
当(あ)たる	들어맞다, 당첨되다	12과
アップする	업로드하다, 올리다	9과
圧力鍋(あつりょくなべ)	압력 냄비	12과
アドバイス	조언, 충고	5과
アナウンス	안내방송	1과
アピール	어필, 호소	8과
アプリ	앱, 어플리케이션	8과
甘(あま)える	어리광 부리다, 철없이 굴다	9과
アメーバ	아메바	7과
怪(あや)しい	수상하다	1과
アラーム	알람, 자명종, 경보	2과
新(あら)たに	새로, 새로이	8과
表(あらわ)れる	나타나다	4과
ありがたい	고맙다, 감사하다	4과
ある	어느	4과
歩(ある)きスマホ	보행 중 휴대폰 보기	2과
アルバム	앨범, 사진첩	9과
アロマオイル	아로마 오일	11과
アンケート	앙케트, 설문조사	8과
安全(あんぜん)だ	안전하다	1과
以外(いがい)	이외	2과
意外(いがい)と	의외로	3과

단어	뜻	과
怒(いか)り	분노, 화	4과
意識(いしき)する	의식하다	9과
以上(いじょう)	이상	1과
至(いた)る	이르다, 다다르다	5과
一応(いちおう)	일단	11과
一時(いちじ)	일시, 잠시	2과
五(いつ)つ子(ご)	다섯 쌍둥이	7과
一般的(いっぱんてき)だ	일반적이다	4과
一方的(いっぽうてき)	일방적	4과
今頃(いまごろ)	지금쯤, 이맘때	7과
入(い)れ替(か)え	교체함, 갈아 넣음	10과
いれる	(차나 커피를) 끓이다	10과
色合(いろあ)い	색조	9과
印象(いんしょう)	인상	4과
インターフォン	인터폰	1과
インタビュー	인터뷰, 면접	7과
インテリア	인테리어, 실내장식	9과
インフォメーションカウンター	안내 데스크	1과
浮(うか)ぶ	떠오르다	8과
浮(う)かれる	들뜨다, 신이 나다	10과
受(う)け取(と)り	받음, 수취	3과
受(う)け取(と)る	받다, 수취하다	3과
動(うご)かしがたい事実(じじつ)	부정할 수 없는 사실	1과
失(うしな)う	잃다	5과
薄着(うすぎ)	얇은 옷	8과
打(う)ち合(あ)わせ	협의, 회의	1과
内側(うちがわ)	안쪽	1과
打(う)ち込(こ)む	열중하다, 몰두하다	9과
写(うつ)る	찍히다	9과
移(うつ)る	옮기다, 이동하다	5과
埋(う)め立(た)てる	묻다, 메우다	2과
映画化(えいがか)	영화화	8과
影響(えいきょう)する	영향을 끼치다	9과
営業所(えいぎょうしょ)	영업소	3과

단어	뜻	과
確認する(かくにん)	확인하다	1과
確保(かくほ)	확보	6과
格安(かくやす)	매우 쌈	10과
確率(かくりつ)	확률	6과
隠れ家(かくが)	은신처, 은둔처	12과
家計(かけい)	가계	11과
数多くの(かずおお)	수많은	9과
課題(かだい)	과제	6과
価値観(かちかん)	가치관	9과
学期末(がっきまつ)	학기말	10과
活動(かつどう)	활동	5과
カップル	커플, 연인, 부부	5과
活用(かつよう)	활용	10과
カテゴリー	카테고리, 분류	9과
家電製品(かでんせいひん)	가전제품	3과
金をかける(かね)	돈을 들이다	9과
可能性(かのうせい)	가능성	6과
壁(かべ)	벽	2과
我慢(がまん)	참음	9과
画面(がめん)	화면	1과
柄(がら)	무늬	10과
軽はずみ(かる)	경솔함	8과
かわいそうだ	불쌍하다, 가엾다	7과
考え(かんが)	생각	8과
関係性(かんけいせい)	관계성	8과
観光客(かんこうきゃく)	관광객	4과
感謝する(かんしゃ)	감사하다	3과
感情(かんじょう)	감정	10과
関心(かんしん)	관심	2과
完成する(かんせい)	완성하다	10과
看板(かんばん)	간판	2과
管理する(かんり)	관리하다	9과
キーボード	키보드, 자판	9과
黄色い(きいろ)	노란색이다, 노랗다	1과
機会(きかい)	기회	10과
機械的に(きかいてき)	기계적으로	5과
機械翻訳(きかいほんやく)	기계 번역	5과
着替える(きが)	옷을 갈아입다	4과
聞かせる(き)	들려주다	3과
気が休まる(きやす)	마음이 편안해지다	7과
気軽に(きがる)	가벼운 마음으로	1과
企業(きぎょう)	기업	8과
期限内(きげんない)	기한내	12과
記事(きじ)	기사	12과
記述(きじゅつ)	기술	9과
期待(きたい)	기대	2과
きちんと	정확히, 깔끔히	11과
喫煙(きつえん)	흡연	8과
気になる(き)	궁금하다, 신경 쓰이다	7과
記入(きにゅう)	기입	2과
機能(きのう)	기능	8과
規模(きぼ)	규모	10과
基本的(きほんてき)	기본적	10과
決まり(き)	규칙, 습관	11과
気味(ぎみ)	기색, 기미	8과
疑問(ぎもん)	의문	7과
キャラメル	캐러멜	8과
キャンプ	캠프, 야영	12과
キャンペーン	광고	8과
急～(きゅう)	급～	7과
休憩する(きゅうけい)	쉬다, 휴식하다	9과
九州(きゅうしゅう)	규슈(지명)	7과
給料(きゅうりょう)	급료, 급여	12과
業界(ぎょうかい)	업계	8과
教科書(きょうかしょ)	교과서	12과
教材(きょうざい)	교재	12과
業者(ぎょうしゃ)	업자	7과
業務(ぎょうむ)	업무	11과
強要する(きょうよう)	강요하다	3과
切り替え(きか)	(새것으로) 바꿈, 교체	8과
切り替える(きか)	(새것으로) 바꾸다, 교체하다	9과
気を配る(きくば)	마음을 쓰다, 주의하다	11과
禁止(きんし)	금지	8과
近所(きんじょ)	근처	3과

단어	뜻	과
緊張(きんちょう)する	긴장하다	6과
近年(きんねん)	최근, 요즘	3과
クイズ	퀴즈	12과
苦情(くじょう)	불만, 불평	4과
癖(くせ)	버릇	11과
癖(くせ)がつく	버릇이 들다	11과
口(くち)コミ	입소문	2과
口(くち)に合(あ)う	입맛에 맞다	4과
愚痴(ぐち)る(＝愚痴(ぐち)をいう)	푸념하다, 한탄하다	7과
クッション	쿠션	6과
靴箱(くつばこ)	신발장	11과
工夫(くふう)	궁리함, 고안함	9과
区別(くべつ)する	구별하다	6과
クラスメート	동급생, 반 친구	9과
クリック	클릭, 누름, 선택함	9과
くれぐれも	아무쪼록, 부디	2과
苦労(くろう)する	고생하다	8과
詳(くわ)しい	자세히 알고 있다, 정통하다	3과
訓練(くんれん)	훈련	6과
毛(け)	털	5과
経営(けいえい)	경영	7과
経験(けいけん)	경험	5과
経済的(けいざいてき)	경제적	3과
芸術家(げいじゅつか)	예술가	5과
携帯(けいたい)	휴대, 휴대전화	2과
芸能人(げいのうじん)	연예인	5과
契約(けいやく)する	계약하다	2과
景色(けしき)	경치	2과
化粧(けしょう)	화장	3과
けちる	인색하게 굴다, 쩨쩨하게 굴다	10과
血圧(けつあつ)	혈압	9과
結果(けっか)	결과	12과
結果的(けっかてき)	결과적	11과
結局(けっきょく)	결국	1과
決定(けってい)する	결정되다	8과
結論(けつろん)	결론	8과
ゲレンデ	천연 스키장, 천연 활주로	12과
玄関(げんかん)	현관	11과
研究(けんきゅう)	연구	8과
健康(けんこう)だ	건강하다	5과
健康保険(けんこうほけん)	건강보험	2과
検査(けんさ)	검사	5과
原作(げんさく)	원작	8과
検診(けんしん)	검진	3과
現代人(げんだいじん)	현대인	3과
現地(げんち)	현지	9과
検討(けんとう)する	검토하다	1과
原文(げんぶん)	원문	5과
行為(こうい)	행위	1과
講演(こうえん)	강연	10과
郊外(こうがい)	교외	5과
航空便(こうくうびん)	항공편	3과
高血圧(こうけつあつ)	고혈압	3과
広告(こうこく)	광고	9과
洪水(こうずい)	홍수	6과
校則(こうそく)	교칙	2과
口中(くちじゅう)	입 안, 입속	12과
合同(ごうどう)	합동	10과
行動(こうどう)する	행동하다	5과
行動力(こうどうりょく)	행동력	9과
口内炎(こうないえん)	구내염	12과
購入(こうにゅう)する	구입하다	3과
候補(こうほ)	후보	2과
公民館(こうみんかん)	마을 회관, 주민 회관	6과
公用文(こうようぶん)	공용문, 공식문서의 문장	6과
効率化(こうりつか)	효율화	11과
効率的(こうりつてき)	효율적	8과
ごく	대단히, 아주	6과
国際(こくさい)スピード郵便(ゆうびん)(ＥＭＳ(イーエムエス))	국제 특급 우편	3과
克服(こくふく)する	극복하다	9과
心(こころ)がける	주의하다, 명심하다	12과
ごちそうする	사다, 한턱 내다	4과
固定(こてい)する	고정하다	6과
断(ことわ)る	거절하다	1과

粉薬	가루약	1과
このところ	요즘, 최근	8과
好み	취향, 기호	7과
呉服店	포목점, 옷가게	7과
こぼす	흘리다	9과
細かい	자잘하다, 사소하다	11과
ゴミ	쓰레기	2과
ごみ置き場	쓰레기 수거장	2과
ゴミ箱	쓰레기통	2과
込める	담다, 포함하다	4과
紺	감색, 군청색	2과
婚活	결혼 활동	7과
今後	앞으로	7과
コンテスト	콘테스트, 경연	6과
こんなふうに	이런 식으로, 이렇게	7과

さ

サービス業	서비스업	4과
～際	～할 때	3과
災害	재해	6과
再検査	재검사	11과
最高だ	최고다	8과
最終日	마지막 날	8과
最低限	최소한	10과
再配達	재배달	3과
採用する	채용하다	10과
幸い	다행히	12과
サウンド	소리	9과
探し出す	찾아내다	8과
探しまわる	찾아다니다	11과
下がる	후퇴하다, 뒤로 물러나다	1과
先に	먼저, 앞서	9과
作業	작업	3과
避ける	피하다	1과
さぞ	분명, 틀림없이	7과
撮影	촬영	9과
さっさと	얼른, 빨랑빨랑	4과
殺人	살인	7과
さっそく	얼른, 바로, 즉시	8과
寒さ	추위	12과
さらに	더욱	5과
騒ぐ	소란하게 굴다, 소동을 피우다	8과
参加	참가, 참석	7과
山頂	산 정상, 산꼭대기	8과
～時	～할 시, ～할 때	3과
資格	자격	8과
仕方ない	어쩔 수 없다	4과
時間が経つ	시간이 지나다	5과
時期	시기	8과
至急	급히, 속히	과
事件	사건	5과
資源	자원	2과
資源ごみ	재활용 쓰레기	2과
自己	자기	8과
思考する	사고하다, 생각하다	8과
指示	지시	6과
事情	사정	4과
自信がつく	자신이 생기다	9과
自炊	자취	9과
姿勢	자세	5과
視線	시선	11과
自然	자연	6과
事前に	사전에, 미리	6과
自体	자체	8과
下描き	밑그림, 스케치	10과
自宅	자택	4과
親しき仲にも礼儀あり	친할 수록 예의를 지켜라	8과
試着する	입어보다	10과
実家	본가, 본집	3과
実感	실감	12과
実際(に)	실제, 실제로	4과
実は	실은, 사실은	3과
失望	실망	2과

過ごす（す）	지내다	5과
素敵だ（すてき）	멋지다	9과
既に（すで）	이미	10과
ストッキング	스타킹	11과
ストライキ	파업	2과
ストライプ	줄무늬	10과
ストレッチ(＝ストレッチング)	스트레칭	11과
素直だ（すなお）	솔직하다	5과
スノーボード	스노보드	12과
スペック	스펙, 조건	8과
滑る（すべ）	미끄러지다	1과
すぼめる	움츠리다, 오므리다	12과
住む（す）	살다, 거주하다	1과
すらすら	술술, 척척, 거침없이	6과
ずれる	벗어나다	11과
成果（せいか）	성과	6과
性格（せいかく）	성격	4과
正確だ（せいかく）	정확하다	5과
生活習慣病（せいかつしゅうかんびょう）	생활습관병	9과
生活用水（せいかつようすい）	생활용수	6과
生産性（せいさんせい）	생산성	11과
成人式（せいじんしき）	성인식	7과
成績（せいせき）	성적	8과
成長（せいちょう）	성장	4과
精密（せいみつ）	정밀	11과
整理する（せいり）	정리하다	8과
セールス	판매	1과
背負う（せお）	메다, 등에 지다	2과
席につく（せき）	자리에 앉다	11과
責任を取る（せきにん・と）	책임을 지다	4과
責任を持つ（せきにん・も）	책임을 가지다	4과
絶好（ぜっこう）	아주 좋음	12과
絶対(に)（ぜったい）	절대로	1과
設定（せってい）	설정	9과
説明書（せつめいしょ）	설명서	1과
節約（せつやく）	절약	10과
背中（せなか）	등	2과
是非（ぜひ）	꼭, 반드시	8과
責める（せ）	탓하다, 나무라다	5과
ゼリー	젤리	1과
線（せん）	선	1과
全員（ぜんいん）	전원, 모두	2과
全額（ぜんがく）	전액	10과
選考（せんこう）	전형	11과
繊細だ（せんさい）	섬세하다	9과
前日（ぜんじつ）	전날, 하루 전	3과
洗濯物（せんたくもの）	세탁물, 빨래	1과
専用（せんよう）	전용	12과
そういえば	그러고 보니	5과
操作音（そうさおん）	조작음	9과
掃除（そうじ）	청소	1과
想像（そうぞう）	상상	9과
相談に乗る（そうだん・の）	상담에 응하다, 상담해주다	8과
早朝（そうちょう）	조조, 이른 아침	4과
送料（そうりょう）	배송료	3과
疎遠（そえん）	소원함	5과
損なう（そこ）	해치다, 망치다	4과
外側（そとがわ）	바깥쪽	2과
その場（ば）	그 자리, 즉시	10과
それぞれ	제각각, 각자	5과
そろえる	가지런히 하다, 정돈하다	11과
尊敬する（そんけい）	존경하다	5과
存在（そんざい）	존재	8과

た

第一（だいいち）	첫 번째, 우선	10과
ダイオキシン	다이옥신, 독성 화학물	2과
大会（たいかい）	대회	8과
大学院（だいがくいん）	대학원	5과
対策（たいさく）	대책	9과
体重（たいじゅう）	체중	9과
対象外（たいしょうがい）	대상 외, 대상에서 제외함	11과
体調（たいちょう）	몸의 상태, 컨디션	10과

タイトル	제목	7과
タイム	시간, 기록	8과
代理	대리, 대신	2과
高くつく	비싸게 먹히다	12과
高潮	해일	6과
高そうだ	비쌀 것 같다	1과
～だからと言って	~라고 해서	5과
炊く	(밥을) 짓다	6과
出し方	내놓는 법, 버리는 법	2과
助ける	구하다	5과
ただし	단, 다만	2과
立ち往生	오도 가도 못함	7과
タッパー	플라스틱 밀폐 용기	7과
旅先	여행지	9과
食べ切れない	다 먹을 수 없다	7과
～たまま	~한 채	4과
駄目だ	바람직하지 않다	11과
ためる	쌓다, 모으다	1과
保つ	지키다, 유지하다	2과
頼る	의지하다, 기대다	4과
だらだら	질질	8과
単位	학점	12과
単語	단어	7과
短時間	짧은 시간	9과
短所	단점	8과
団体	단체	9과
担当者	담당자	10과
担当する	담당하다	3과
旦那	남편	5과
担任	담임	3과
暖房を入れる	난방을 켜다	4과
地域	지역	2과
チーム	팀	2과
近頃	요즘, 근래	9과
力を入れる	힘을 쏟다, 노력하다	9과
築～	지은 지, 건축한 지	1과
遅刻	지각	4과
知識	지식	8과
地方	지방	7과
チャージ	충전	12과
チャイム	차임, 호출용 벨	11과
着払い	착불	3과
着用する	착용하다	11과
茶碗	밥그릇	11과
ちゃんと	제대로, 충분히	1과
注意を払う	주의를 기울이다	7과
中級	중급	12과
駐車場	주차장	1과
昼食	점심(밥), 점심 식사	11과
中心	중심	6과
長期間	장기간	12과
長所	장점	8과
朝食	아침(밥), 아침 식사	3과
町内	동네, 마을 안	6과
直接	직접	1과
直面する	직면하다	9과
散らかる	어지러지다, 흩어지다	4과
治療	치료	9과
つい	그만, 무심코	7과
ついに	드디어, 마침내	8과
通学	통학	8과
痛感する	통감하다	8과
通じる	(말이) 통하다, 의미가 전달되다	5과
通知する	통지하다, 알리다	12과
通販	통신 판매	3과
通訳	통역	12과
使いこなす	잘 다루다, 잘 쓰다	8과
疲れをとる	피로를 풀다	11과
月～	월, 한 달에	1과
～付き	~딸림, ~포함	1과
付き合う	어울리다, 사귀다	5과
突き当たる	부딪치다, 충돌하다	9과
尽きる	끝나다, 다하다	5과
就く	종사하다, 취직하다	5과

～っけ	～(였/했)지?, ～(였/했)나?	7과
つながる	연결되다, 이어지다	6과
～っぱなし	～한 채, ～하기만 함	10과
つぶる	(눈을) 감다	9과
潰(つぶ)れる	망하다, 도산하다	1과
辛(つら)い	괴롭다, 힘들다	12과
出会(であ)い	만남	7과
出歩(である)く	나돌아다니다	6과
定期的(ていきてき)	정기적	5과
停止(ていし)する	정지하다, 멈추다	2과
提出(ていしゅつ)する	제출하다	2과
停電(ていでん)する	정전되다	6과
程度(ていど)	정도	4과
～て以来(いらい)	～한 이래	5과
手軽(てがる)だ	손쉽다, 간단하다	5과
適切(てきせつ)だ	적절하다	11과
できるだけ	가능한 한	2과
できれば	가능하면	1과
デザイン	디자인	9과
手帳(てちょう)	수첩	10과
徹夜(てつや)	철야, 밤을 샘	8과
手配(てはい)する	준비하다	6과
手間(てま)をかける	품을 들이다	8과
～てもかまわない	～해도 상관없다	1과
手(て)をつける	손을 대다, 해보다	8과
電源(でんげん)が切(き)れる	전원이 꺼지다	2과
電源(でんげん)を切(き)る	전원을 끄다	11과
点数(てんすう)	점수	6과
電波(でんぱ)	전파	1과
問(と)い合(あ)わせ	문의	2과
問(と)う	묻다, 질문하다	7과
どうか	제발, 부디	8과
同期(どうき)	동기	5과
道具(どうぐ)	도구	12과
陶芸(とうげい)	도예, 도자기 공예	8과
倒産(とうさん)	도산	7과
当日(とうじつ)	당일	7과

同窓会(どうそうかい)	동창회, 동문회	5과
到着(とうちゃく)	도착	3과
とうとう	드디어	10과
登録(とうろく)する	등록하다	8과
通(とお)り過(す)ぎる	지나가다, 통과하다	2과
～とか	～나, ～라든지	8과
解(と)く	풀다	6과
～としたら	～(라고) 한다면	1과
土砂崩(どしゃくず)れ	토사 붕괴, 산사태	6과
年(とし)をとる	나이를 먹다	4과
途中(とちゅう)	도중	2과
どっか(どこか)	어디, 어딘가	2과
突然(とつぜん)	돌연, 갑자기	7과
どなる	호통치다, 고함치다	4과
とにかく	어쨌든	7과
～とは限(かぎ)らない	～라고 단정할 수 없다	5과
飛(と)ばす	날리다, 튀기다	6과
飛(と)び散(ち)る	흩날리다, 튀다	6과
捉(とら)える	파악하다, 받아들이다	9과
取(と)り上(あ)げる	다루다	9과
努力(どりょく)する	노력하다	4과
泥棒(どろぼう)	도둑	1과
どんどん	자꾸자꾸, 계속	6과

な

内定(ないてい)	내정	12과
内定式(ないていしき)	내정식	12과
内容(ないよう)	내용	8과
仲(なか)がいい	사이가 좋다	10과
長続(ながつづ)き	오래 지속됨	5과
中(なか)でも	그 중에서도, 특히	8과
仲直(なかなお)り	화해	4과
眺(なが)める	바라보다, 응시하다	9과
亡(な)くなる	사망하다, 죽다	6과
～なしで	～하지 않고	1과
納得(なっとく)	납득	9과

は

ハロウィン 핼러윈 3과
範囲(はんい) 범위 6과
反省(はんせい)する 반성하다 4과
判断(はんだん)する 판단하다 10과
バンド 밴드, 악단 6과
半日(はんにち) 한나절 3과
パンパン 탱탱, 땡땡 11과
氾濫(はんらん)する 범람하다 6과
非(ひ) 잘못 4과
日当(ひあ)たり 볕이 듦, 양지 1과
被害(ひがい) 피해 1과
控(ひか)える 삼가다, 절제하다 3과
比較(ひかく)する 비교하다 5과
東向(ひがしむ)き 동향 5과
ビザ 비자, 입국 허가증 10과
非常(ひじょう)に 아주, 매우 3과
引(ひ)っ越(こ)す 이사하다 1과
ぴったり 딱 맞음 10과
人前(ひとまえ) 남 앞, 사람들 앞 9과
一人暮(ひとりぐ)らし 혼자 삶, 1인 가구 1과
避難(ひなん) 피난 6과
避難所(ひなんじょ) 피난처 6과
日(ひ)に焼(や)ける 햇볕에 그을리다 7과
批判(ひはん)する 비판하다 4과
秘密(ひみつ) 비밀 6과
百害(ひゃくがい)あって一利(いちり)なし 백해무익 8과
日焼(ひや)け止(ど)め 자외선 차단제 7과
表現(ひょうげん) 표현 11과
表情(ひょうじょう) 표정 12과
昼寝(ひるね) 낮잠 7과
広(ひろ)げる 넓히다 12과
貧血(ひんけつ) 빈혈 11과
不安(ふあん) 불안, 불안함 8과
フィルム 필름 6과
増(ふ)える 늘다, 늘어나다 7과
フォーム 폼, 자세 8과
普及(ふきゅう)する 보급되다 3과
付近(ふきん) 부근 8과
複数(ふくすう) 복수, 둘 이상 12과
服装(ふくそう) 복장 10과
服薬(ふくやく) 복약 1과
武士(ぶし) 무사 4과
不自然(ふしぜん)だ 부자연스럽다 5과
無事(ぶじ)だ 무사하다, 평온하다 8과
部署(ぶしょ) 부서 5과
不振(ふしん) 부진 7과
二人(ふたり)とも 두 사람 다 5과
普段(ふだん) 평소 6과
普通(ふつう)だ 평범하다 6과
物件(ぶっけん) (부동산) 물건 1과
船便(ふなびん) 배편 3과
無難(ぶなん)だ 무난하다 10과
不満(ふまん) 불만 4과
踏切(ふみきり) 건널목 2과
プラスチック 플라스틱 2과
～ぶり ～만 5과
振袖(ふりそで) 후리소데, 미혼 여성의 예복 7과
古本屋(ふるほんや) 헌책방 11과
フロア 층 7과
ブログ 블로그 9과
雰囲気(ふんいき) 분위기 12과
分析(ぶんせき) 분석 8과
分別(ぶんべつ) 분별 2과
ペア 한 쌍, 짝 12과
平日(へいじつ) 평일 10과
閉店(へいてん) 폐점 7과
別(べつ)の 다른 7과
ヘモグロビン 헤모글로빈 11과
減(へ)らす 줄이다 9과
ベランダ 베란다 1과
変更(へんこう) 변경 7과
編集(へんしゅう)する 편집하다 9과
貿易(ぼうえき) 무역 10과
報告(ほうこく) 보고 4과

～漏(も)れ	누락, 빠짐	2과
問題集(もんだいしゅう)	문제집	6과

や

焼肉屋(やきにくや)	불고기집	8과
夜食(やしょく)	야식	10과
休(やす)める	쉬게 하다, 휴식시키다	9과
家賃(やちん)	집세	1과
屋根(やね)	지붕	2과
やめる	그만두다, 중지하다	3과
辞(や)める	그만두다, 사직하다	5과
やりがい	보람, 할 만한 가치	12과
やりすぎ	도를 지나침	4과
やりとり	주고받음, 교환	5과
和(やわ)らげる	누그러뜨리다, 완화시키다	4과
優勝(ゆうしょう)	우승	2과
郵送(ゆうそう)する	우편으로 보내다	12과
郵便局員(ゆうびんきょくいん)	우체국 직원	3과
郵便物(ゆうびんぶつ)	우편물	1과
郵便(ゆうびん)ポスト	우편함	1과
有力(ゆうりょく)だ	유력하다	2과
雪(ゆき)だるま	눈사람	5과
行方不明(ゆくえふめい)	행방불명	8과
湯船(ゆぶね)	목욕통, 욕조	11과
許(ゆる)す	용서하다	1과
用紙(ようし)	용지	11과
様子(ようす)	모습, 상황, 상태	12과
洋服屋(ようふくや)さん	양복점	12과
ヨガ	요가	5과
余計(よけい)	한층, 더욱	10과
予想(よそう)する	예상하다	6과
予測(よそく)	예측	6과
呼(よ)び出(だ)し	호출, 불러냄	1과
予報(よほう)	예보	6과
予防(よぼう)	예방	9과
読(よ)み取(と)る	읽어내다, 알아차리다	12과
余裕(よゆう)	여유	3과

ら

ライトアップ	라이트 업, 야간 조명	7과
来年度(らいねんど)	내년도	10과
ライフスタイル	라이프 스타일	5과
ラウンジ	라운지	1과
陸上(りくじょう)クラブ	육상부	11과
～率(りつ)	～율/률	7과
利点(りてん)	이점, 장점	5과
リュック	배낭	2과
リラックス	릴랙스, 긴장을 품	6과
履歴書(りれきしょ)	이력서	2과
ルール	룰, 규칙	4과
留守(るす)にする	비우다	1과
レシート	영수증	11과
レシピ	레시피, 조리법	5과
列(れつ)に並(なら)ぶ	줄을 서다	2과
レンタル	렌탈, 대여	7과
老眼(ろうがん)	노안	9과
労働(ろうどう)	노동	12과
ロールプレイ(＝ロールプレーイング)	역할극	12과
路上(ろじょう)	노상, 길위	8과
論理的(ろんりてき)	논리적	8과

わ

沸(わ)かす	데우다	10과
話題(わだい)	화제	7과
笑(わら)える	웃음이 나오다	3과
～を通(とお)して	～을/를 통해서	1과